陈日源 主编

厦门大学出版社 XIAMEN UNIVERSITY PRESS | 国家一级出版社 全国百佳图书出版单位

长汀县国家历史文化名城管理委员会 编

编委会

客家首府

大美汀州

莫言书

目 录（Contents）

大美不言汀州府（代序一）

至今，我的脑海里常常会浮现十三年前我在宁化石壁一个并不遥远的乡村里，遇见一位七旬老人时的问话与回话。老人问我从哪里来？我说从龙岩来。他马上接着说：噢，从汀州府来。我刚想纠正他的说法，他的眼光却从我身上移开，朝长汀的方向叹了口气，十分肯定且带着追忆的神情说：过去的汀州府好大呀！那时我们都叫汀州人。当时，我对汀州府的概念很是模糊，对一个老人似是而非的说话并不怎么上心，只是对他重复强调一句：我不是从汀州府来的。我走了，心中却隐下了一个汀州的影子。

两年后，我经历了从龙岩到连城，又从连城到长汀的任职过程，汀州的概念从模糊到清晰到直接面对。我内心除了滋长起跟宁化老人同样的感慨之外，还衍生出一种强烈的对古汀州历史的探究心理。思想中的汀州因现状和想像不能很好契合，时常让我难以平静。因此，当吴尔芬向我提议用老照片追忆汀州府的辉煌时，他类似宁化老人的一句话，让我坚定了为古汀州找回记忆的决心。

吴尔芬现在应称连城罗坊人，过去他也是汀州府人，何况罗坊乡是解放后才在行政区划中从长汀划入连城版图的。看着这位我在连城结识的朋友，回想起当年他在我的办公室，以一个普通干部的身份用连城一百问，对我这个刚到连城履新副县长的漳平人进行拷问的场景。我当即确定书名就称“大汀州”，并且就用曾任扬州知府、清代大书法家的宁化人、自称伊汀州的伊秉绶的字做封面。我信任且略带报复心地拜托尔芬，出的考题只有一道：索尽汀州八县过去的风光，帮助汀州人完成一个无法释怀的心愿。让真实的图像引领我们向古汀州走去，并让原汀州府八县的客家兄弟在联络感情、携手并进的同时，真切地感知大汀州曾经的辉煌，更让每一个闽西客家人都在内心升腾起昔日汀州雄风的那份骄傲。

当《大汀州》图稿即将付梓时，编委会一定要我这个外乡人说几句。我想重复宁化老人说的那句话：过去的汀州府好大呀！如今，往日无言的影像图册再现，真可谓：大美汀州。莫言先生如是说。

且为序。

陈日源

2013年11月19日晨于汀

（作者为长汀县人大常委会主任、长汀县国家历史文化名城管理委员会主任）

独特文化与诱人风情（代序二）

引起我个人对汀州兴趣的主要有两点：

首先，当我在研究闽南基督教史的时候，我发现20世纪末厦门基督教会派出华人传教士前往汀州地区传道的史料很值得关注。汀州文化与闽南文化巨大差异，对闽南教会来说，闽西算是个“差会点”，也因此汀州的早期华人传道人把自己看作“传教士”（通常情况下“差会点”与“传教士”意味着外国宣教机构和宣教士）。史料中经常可见教会人士描述汀州习俗与语言的奇特。这些独特习俗引起我对汀州的好奇。

其次，吸引我的是史料当中描绘的汀州美丽的风景，这些描述让我产生了必须亲自前往汀州切身体验的兴趣。2008年当我第一次踏上汀州的时候，我的所见所闻并未让我失望。当我畅览古代建筑，观赏闽西山水，品味客家田园风景，徜徉古镇时，我意识到史料的记载不足以描述我所体会到的所有美丽。

《大汀州》画册充分展现了汀州的独特习俗与秀丽风景。该书用大量人物、文物及史料的图像，介绍了汀州自唐朝以来一直存在着的独特文化与诱人的风土人情。

古代的汀州位于水陆的交叉地段，发达的航运联结了汀州与外界，但汀州在历史的互动当中保留独特性及微妙的变化。《大汀州》可以提醒我们世界不是平的，虽然汀州经历了多元化的交流：经济、文化、政治、宗教、国际等，然而古韵尚存。

古代的汀州府，书中除了介绍所辖长汀、连城、宁化、清流、归化、上杭、武平、永定这八个县的历史，还记录了那些游历过汀州的名人的感悟。朱熹、王阳明、林则徐、毛泽东等重要人物皆被汀州的美丽深深地感动，他们用深切的笔触呈现汀州的魅力。《大汀州》是以大型历史文献画册的面貌面世的，老照片的选用和时间的截点都使此书的面目清晰。共产党带领汀州民众走进一个他们追求的时代，而《大汀州》恰恰是对汀州历史的展现，对汀州古人的缅怀。

《大汀州》的编委汇聚了文学、客家学、教会史、地方史、中共党史、厦门大学校史等各方面的权威专家，收集了从各种渠道网罗而来的老照片，真实生动地反映出汀州的历史建筑和生活面貌，实现了“表现汀州人文景观，再现古城历史风貌，实现文史重大突破”的编辑目标。它是一本丰碑式的大书。

我盼望读者能够通过此书感受汀州的美，也希望这本书中所提供的描述、诗歌、图像与历史故事能够感动读者亲临并经历大汀州。

白克瑞

2013年11月1日

（作者为美国著名学者、厦门大学国际教育合作中心主任、福建教会史博士）

Chris White

There were two things that first piqued my own interest in the Tingzhou region. First, when researching the history of Christianity in Southern Fujian, I found it noteworthy that in the late 20th century, Chinese Christians in the Xiamen region sent out "missionaries" to evangelize the Tingzhou region. This area of Western Fujian was considered a "mission field" and the early Chinese preachers as "missionaries" (terms usually referred to foreign lands and peoples) for they were preaching to a people of another culture. In these historical sources, the habits and language of the people of Tingzhou were routinely characterized as different or "unique." It was these "unique" customs and habits of the people of Tingzhou depicted in the historical docs that initially attracted me to this area.

The second thing that caught my attention was the descriptions of the geography and beauty of Tingzhou. The picturesque scenes described by travelers convinced me that a personal trip to Tingzhou was necessary and it was in 2008 that I had my first chance to visit the area and I was not disappointed. As I enjoyed the architecture around Peitian, visited the mountainous areas around Liancheng, savored the scenic agriculture of Sibao, and strolled through the ancient town of Changting, I realized that the earlier descriptions I had read actually did not do justice to the beauty of the area.

I feel these two descriptions of Tingzhou—the unique customs and the beautiful scenery—are aptly captured by Mr. Chen Riyuan in his picture album of "Great Tingzhou". Through collecting various portraits, artifacts, and sources, Mr. Chen has shown how these two descriptions that first drew me to Tingzhou have been present in the area throughout history, beginning as far back as the Tang Dynasty and remaining intact throughout the liberation movement of the 1940s.

Because of the waterways, Changting historically was a transportation hub. This fact, coupled with the prosperous printing industry in Sibao, is indicative of the amount of exchange Tingzhou had with networks outside the bounds of Western Fujian. Despite these interactions, the customs and beauty of Tingzhou remained intact. Not to say that there has been no change—on the contrary, we see change evident throughout the pages of this book—but what this compilation of Tingzhou can show is that the world is not simply "flat." Although the historical interactions—whether they be economic, cultural, political, religious, international, etc.—were varied, today the beauty and uniqueness of Tingzhou endure.

The Ancient Tingzhou governed the following eight counties Changting, Liancheng, Ninghua, Qingliu, Guihua, Shanghang, Wuping and Yongding which all aspects contained in "Great Tingzhou". In addition, in this history of the Tingzhou region, it demonstrates how inspirational Tingzhou has been throughout the ages. The notable historical figures, such as Zhu Xi, Wang Yangming, Lin Zexu, Mao Zedong, had been moved by the beauty and importance of Tingzhou and left behind vivid depictions of the land. "Great Tingzhou" shows to the world precisely with large-scale historical documents and albums of painting by the timeline of old photographs collecting. The Communist Party leads Tingzhou people into their pursuing times. Moreover, "Great Tingzhou" represents its history clearly and in honor of the ancients in Tingzhou.

"Great Tingzhou", the editorial board converges authoritative experts in Literary, Hakka school and the history of Missionary, the Local, Communist Party and Xiamen University. Old photography reflects Tingzhou historical architecture and the life vividly from various collecting ways, which achieve to the performance cultural and landscape of Tingzhou, reproduce ancient historical style realize the breakthrough of literature and history. I thought, "Great Tingzhou" is able to undergo the time since it is a monument for the big book.

It is my wish that readers of this book will appreciate the unique customs and scenic landscapes through "Great Tingzhou". However, I also hope that the descriptions, poetry, sources, and pictures in this book inspire the reader to visit Tingzhou and experience its grandeur on a more personal level.

第一部分

千年州府

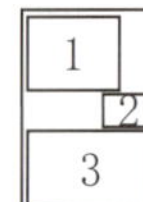

1. 印纹硬陶尊
2. 林惠祥（前持杖者）在长汀县河田进行调查采集
3. 长汀出土的唐宋多嘴盖壶

汀州，处闽赣交界、汀江之源，乃大州名府。历史悠久，民慧物丰，人文深厚。据考古发现，旧石器时代这里就有人类活动，至新石器时代，古越族在此繁衍生息。新石器时代的印纹硬陶尊，由声名显赫的中国人类学的开拓者和奠基人林惠祥教授于1937年在汀州考古时发掘出土，现为厦门大学人类博物馆收藏。

汀洲开府始于唐开元二十四年（736年）。置州后，汀州成为福建五大州（福州、泉州、漳州、建州、汀州）之一。领辖长汀、黄连、杂罗三县，境域东接沙县，西接江西于都，东南接龙岩县，西北接江西虔化，西南接广东海阳、程乡二县。范围包括现今整个龙岩市和三明市的宁化、清流、明溪、永安等地。陈剑在唐大历初年任汀州刺史，是汀州古城的创建者。

1. 汀州陈剑墓
2. 汀州古驿道
3. 汀州古驿站

汀州上杭西普陀，与厦门南普陀“同宗临济”，被称为“天下名胜之境”。

1
2
3

1. 西普陀香林塔
2. 西普陀石雕
3. 西普陀经书

宋绍定年间，汀江航运繁荣，每日往来的商船数以千计，有“下八百，上三千”之称。

1－2.汀州丽春门前水东桥下舟楫密集

1. 汀州状元峰上白讴亭
2. 厦门大学人类学博物馆展出的汀州蛇王雕像
3. 闽粤通衢

客家人历来崇文重教，始建于明代的状元峰白讴亭是汀州的标志性建筑，也是汀州文风鼎盛之佐证。在南迁的过程中，客家人吸收当地土著文化，形成独特的民间信仰。

1
2 3

明洪武元年（1368年），改汀州路为汀州府，越明年，置福建行中书省，长汀县属之。洪武九年（1376年），改行中书省为承宣布政使司，长汀县仍属之。清承明制。长汀县始终为汀州、郡、路、府属县，是闽南、粤北与内陆省分商品流通和经济交往的“黄金通道”。

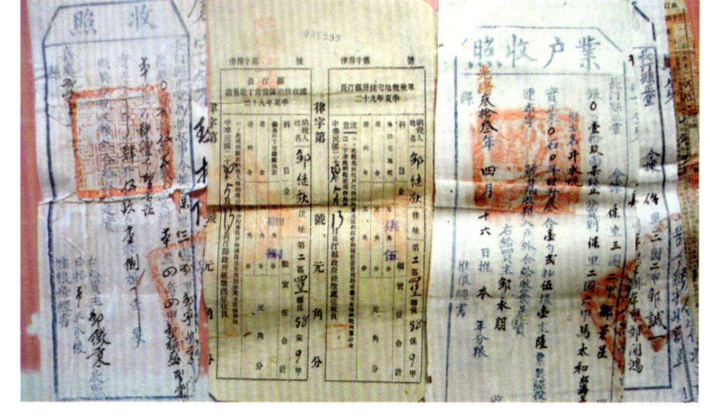

1.清末陆路“黄金通道”的繁忙景象
2-5.长汀望族邹氏保存的历代土地、房屋契约

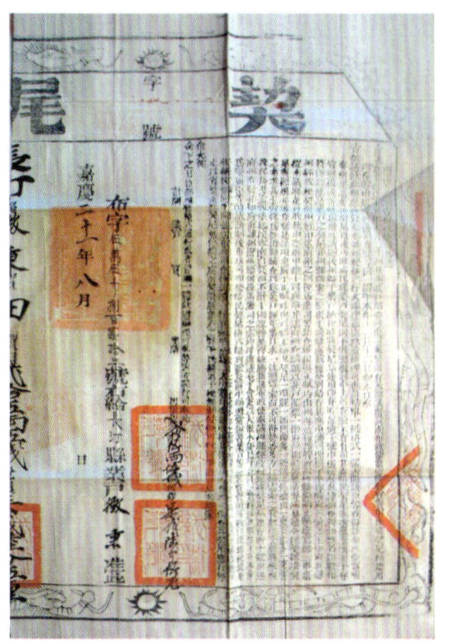

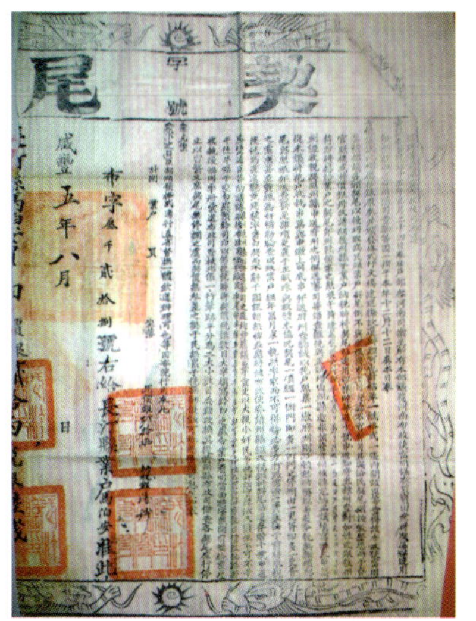

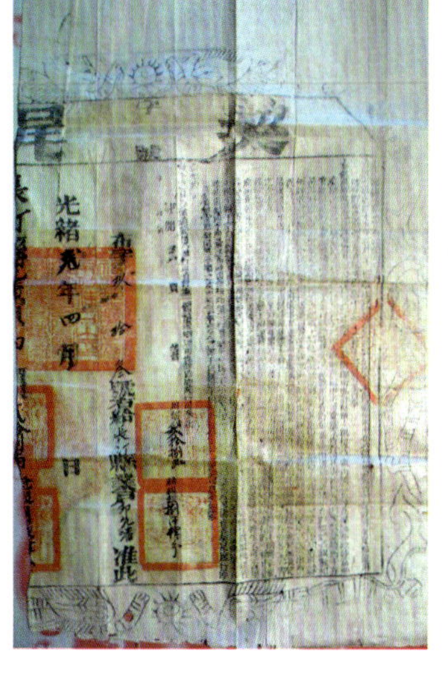

1
2
3.4.5

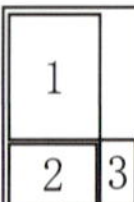

1. 清末汀州繁忙的市场
2. 清道光十三年（1833年）二月二十六日汀州府上杭县郭志光等立杜卖田契字并契尾
3. 明万历八年（1580年）佃户纳粮户单

明清两代，汀州经济昌盛、贸易发达。

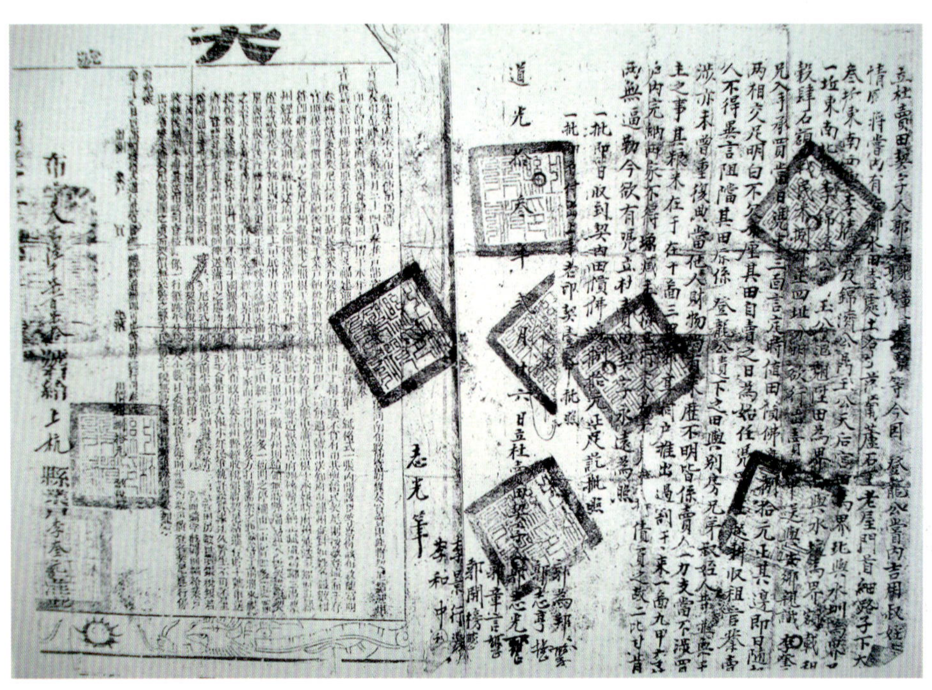

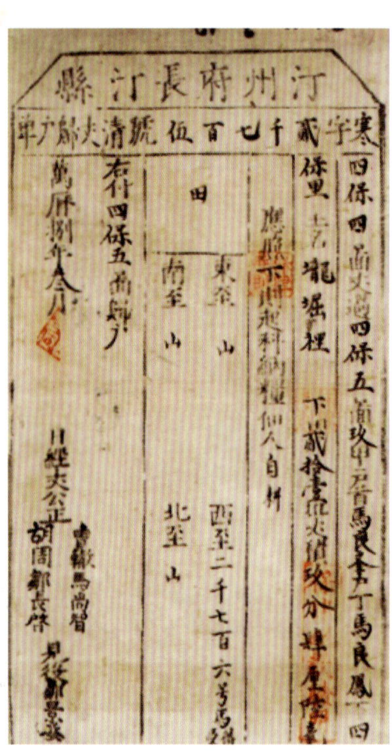

汀州府長汀縣

汀州四堡是明清两代中国四大雕版印刷基地之一，出版物曾垄断江南，行销全国，远播海外。

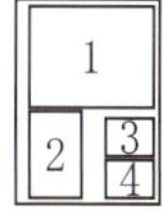

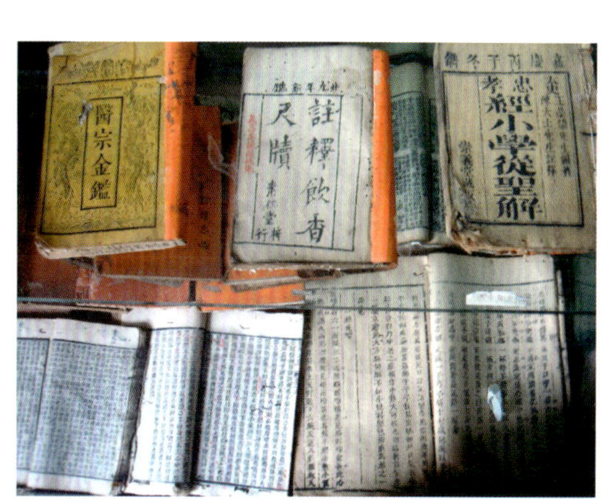

1. 清代在广西贵县的汀州四堡书商
2. 清代著名学者邹圣脉之梅园遗址
3. 四堡古雕版
4. 雕版印刷的线装书

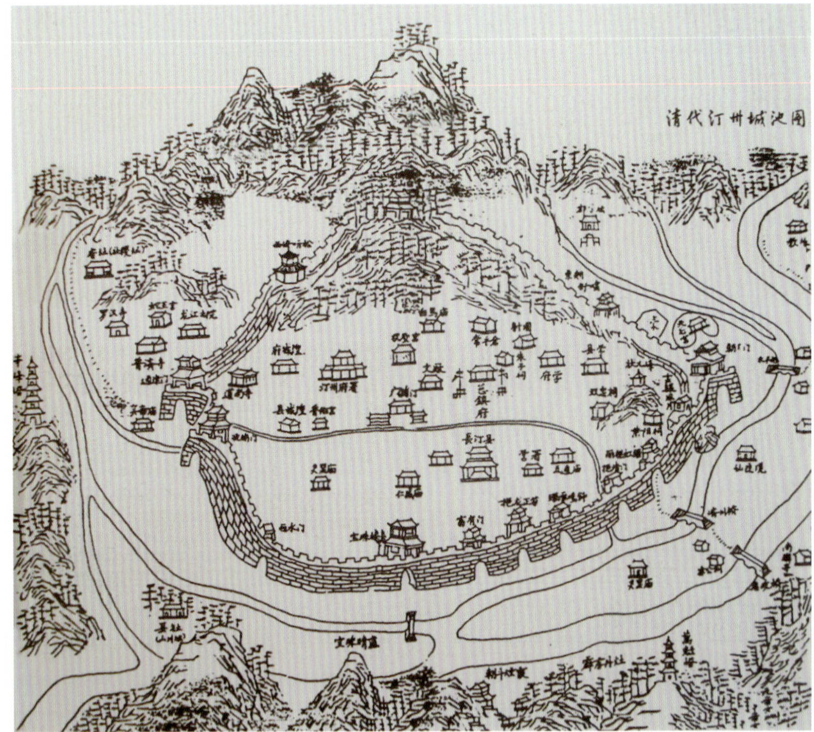

1. 清代乾隆时的汀州城池图
2. 汀州驿站牛岭隘口
3. 清末的汀州城

1. 州司马匾
2. 熙朝耆德匾
3. 文林彩凤匾
4. 乡国典型匾

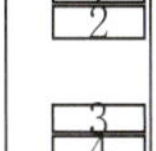

第一块匾上款“诰授通议大夫 知汀州府事 王廷抡 为”；下款“康熙三十八年 冬月 候选州同 吴之奇 立”。立匾人为吴之奇，题匾人王廷抡，山西人，康熙三十五至四十二年（1696—1703年）任汀州知府。在任期间清明严察，抉摘如神。州司马为州同知的别称，从六品，掌督粮、捕盗、海防、水利诸事。

第二块匾上款“乡进士 文林郎　清流县正堂 加五级纪录十次 邱起云 奉旨 恩准给荣膺冠带”；下款“耆宾官家仲 立 大清道光二十六年岁次丙午二月 榖旦”。立匾人为官家仲，题匾人邱起云，举人出身，道光三十年（1850年）任长汀知县。“熙朝耆德”的意思是“兴盛年代年高德劭、素孚众望的老人”。

第三块匾上款“福建承宣布政使司布政使加五级 邓 文林郎 知汀洲府归化县事 加十级 周 为；下款“太学生俞基清 立 光绪六年岁次庚辰菊月下浣日 榖旦”。立匾人为俞基清，事迹不详。题匾人邓廷枏、周百揆。周百揆系同治十一年（1873年）归化县知县，清时归化县隶属漳南道汀州府。“文林”指文坛，“凤”指有道德的人，匾题有夸奖受匾人的文章写得好，品德高尚之意。

第四块匾上款“文林郎 知连城县事加三级 田”下款“顺治拾壹年 乡宾 林正傅 立 康熙肆拾年 齿德 林 恳 立”。受匾人是当地长者林正傅和林懇，题匾人是连城知县田生玉，夸奖他们是当地最优秀之人。

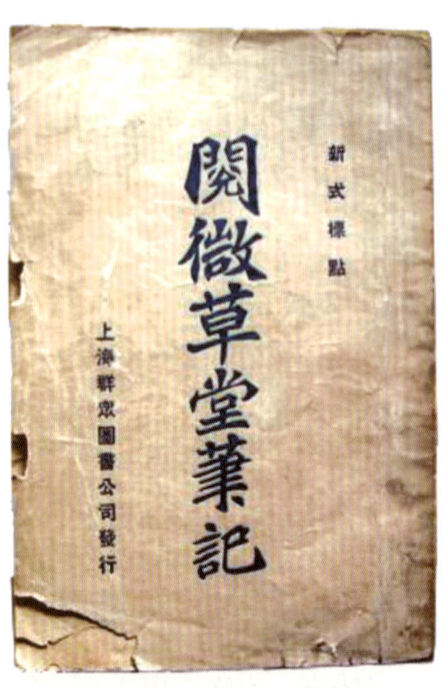

汀州试院始建于宋代，庭院式结构，占地面积一万多平方米，建筑古朴，环境清雅，规模宏大，气势恢宏。该址宋代时为汀州禁军署地，元代时驻汀州卫署，明清两代辟为试院，是汀属八县秀才应试的场所，是古代汀州作为闽西八县文化中心的代表性建筑。

纪晓岚在《阅微草堂笔记·滦阳消夏录》中写道：“福建汀州试院，堂前二古柏，唐物也。云有神。余按临日，吏曰当诣树拜。余谓木魅不为害，听之可也，非祀典所有，使者不当拜。树枝叶森耸，隔屋数重可见。是夕月明，余步阶上，仰见树梢两红衣人，向余磬折拱揖，冉冉渐没。呼幕友出视，尚见之。余次日诣树各答以揖，为镌一联于祠门曰：‘参天黛色常如此，点首朱衣或是君’。此事亦颇异。袁子才尝载此事于新齐谐，所记稍异，盖传闻之误也。”

1. 汀州试院的古柏
2. 纪晓岚《阅微草堂笔记》
3. 纪晓岚为汀州秀才江龙蟠题写的牌匾“文明有象”

汀州民间诗歌

城内青山城外田，
三水绕城六桥连。
八景九门十古寺，
万树梅花杏花天。

1. 清代长汀县地图
2. 汀州城外宽敞的官道

一千多年来，汀州积淀了灿烂的文化，诸多名胜古迹让文人墨客留连忘返。仰视巍巍古城墙，正是锦绣卧龙山，俯瞰滔滔汀江水，恰似“观音挂珠”，给人无限遐思。双阴塔、沈坊“九厅十八井”、三州古街……历经沧桑、古朴厚重，折射汀州人文之熠熠光华。

清代的汀州，经济繁荣、文化勃兴。

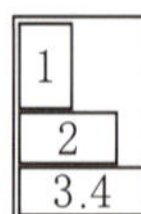

1.清代汀州四堡的三代祖宗挂像
2.民间家庭田产纪录
3-4.汀州府举办全国银工艺制作比赛的获奖作品“太子麒麟”正反面

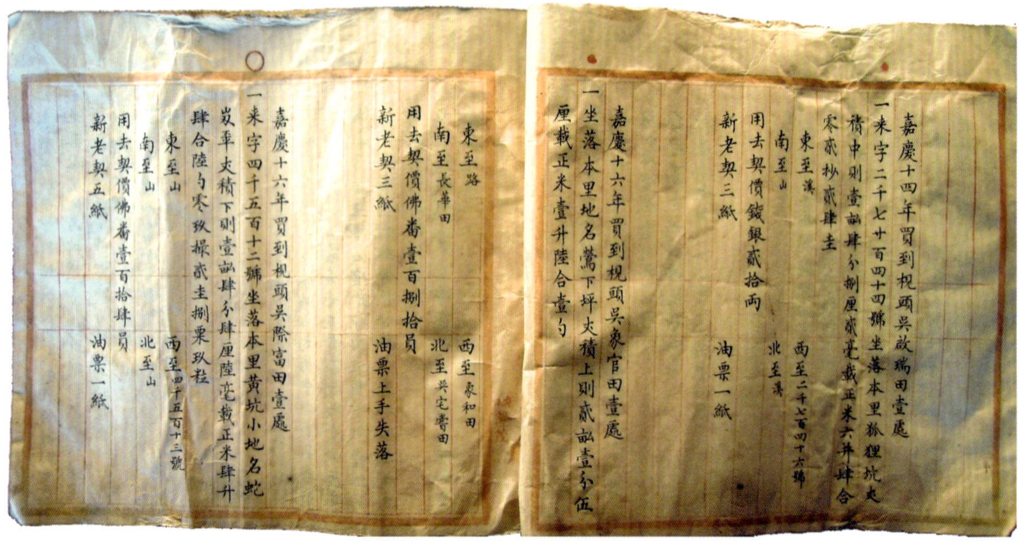

嘉慶十四年買到枧頭吳啟瑞田壹處
一来字二千七十百四十四號坐落本里猴狸坑丈
積中則壹畝肆分捌厘貳毫載正米六升肆合
零貳抄貳肆圭
東至溪　西至二千七百四十六號
南至山　北至溪
用去契價錢銀貳拾兩
新老契三紙　油票一紙

嘉慶十六年買到枧頭吳象官田壹處
一坐落本里地名鶯下坪丈積上則貳畝壹分伍
厘載正米壹升陸合壹勺
東至路　西至象和田
南至長華田　北至吳宅壽田
用去契價佛番壹百捌拾員
新老契三紙　油票上手失落

嘉慶十六年買到枧頭吳際富田壹處
一来字四千五百十二號坐落本里黃坑小地名蛇
岌坪丈積下則壹畝肆分肆厘陸毫載正米肆升
肆合陸勺零玖撮貳圭捌粟玖粒
東至山　西至四千五百十三號
南至山　北至山
用去契價佛番壹百拾肆員
新老契五紙　油票一紙

清朝末年，大批外国传教士来汀州传道布教、游历考察。第一个进入汀州的外国传教士（也是第一个长住汀州的外国人）是杜克斯医生。1900年年初，杜克斯进入汀州，在汀州学习客家话，同年夏天，因为义和团运动，回到厦门。

英国传教士马约翰，清咸丰十年（1860年）来华，先后在上海、厦门、汀州传教，著有《华南写实》《华南生活杂闻》等书。

1. 传教士马约翰像
2-3. 传教士游历汀江的木船

由于水土流失，清末的汀江航道变得狭窄，仅容一条船通过，汀江之险导致多名传教士丧生。

1. 当时的汀江险滩
2. 在汀州的外国传教士与妇女儿童在一起

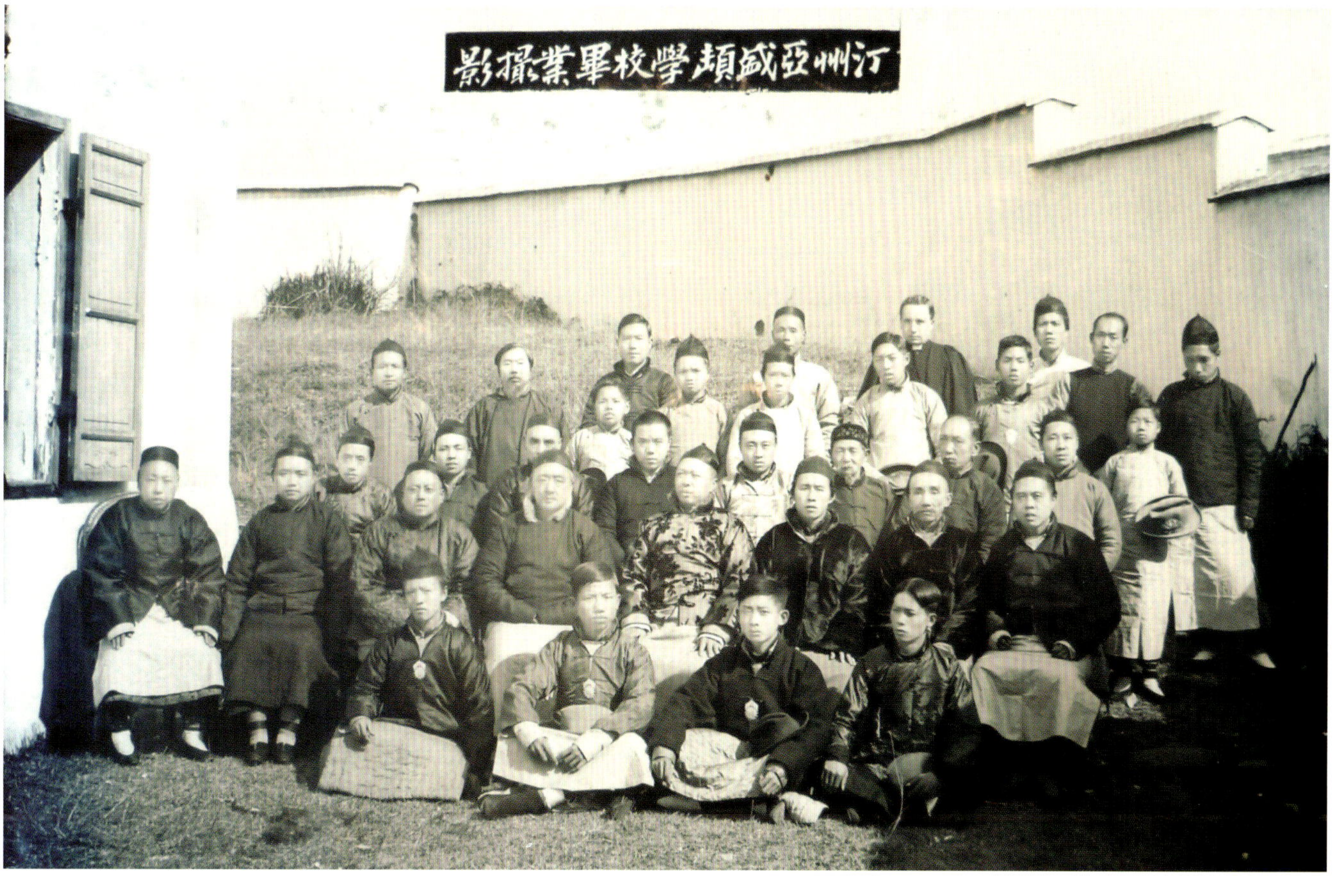

英国伦敦公会在汀州创办亚盛顿女子中学、中西初级中学。

1. 学生毕业合影
2-3. 学校颁发的证书

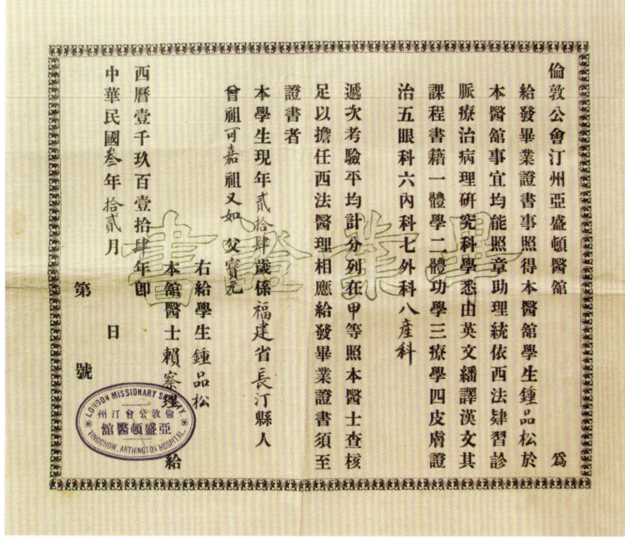

倫敦公會汀州亞盛頓醫館　爲
給發畢業證書事照得本醫館學生鍾品松於
本醫館事宜均能照章助理統依西法肄習診
脈療治病理研究科學悉由英文繙譯漢文其
課程書籍一體學二體功學三療學四皮膚證
治五眼科六內科七外科八產科
遞次考驗平均計分列在甲等照本醫士查核
足以擔任西法醫理相應給發畢業證書須至
證書者
本學生現年貳拾肆歲係福建省長汀縣人
曾祖可嘉　祖又如　父寶元
右給學生鍾品松
本館醫士賴察理　給
西曆壹千玖百壹拾肆年　即
中華民國叁年拾貳月　日
第　號

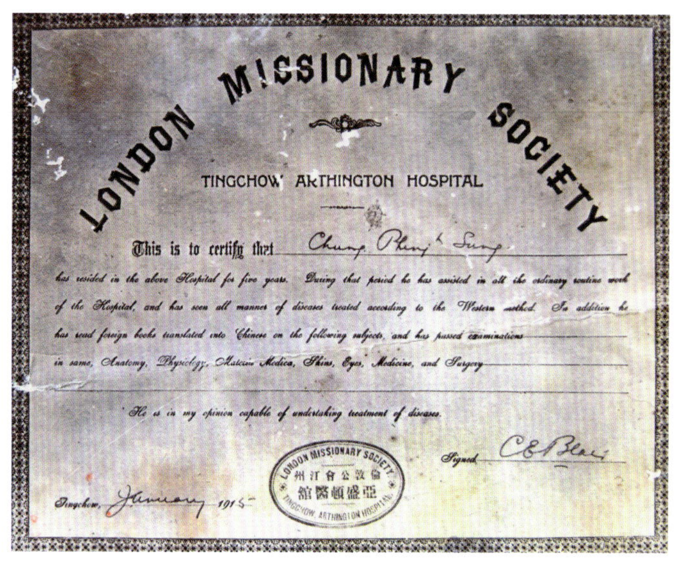

LONDON MISSIONARY SOCIETY

TINGCHOW ARTHINGTON HOSPITAL

This is to certify that Chung Phin' Sung

has resided in the above Hospital for five years. During that period he has assisted in all the ordinary routine work of the Hospital, and has seen all manner of diseases treated according to the Western method. In addition he has read foreign books translated into Chinese on the following subjects, and has passed examinations in same, Anatomy, Physiology, Materia Medica, Skins, Eyes, Medicine, and Surgery.

He is in my opinion capable of undertaking treatment of diseases.

Signed C E Blair

Tingchow, January 1915

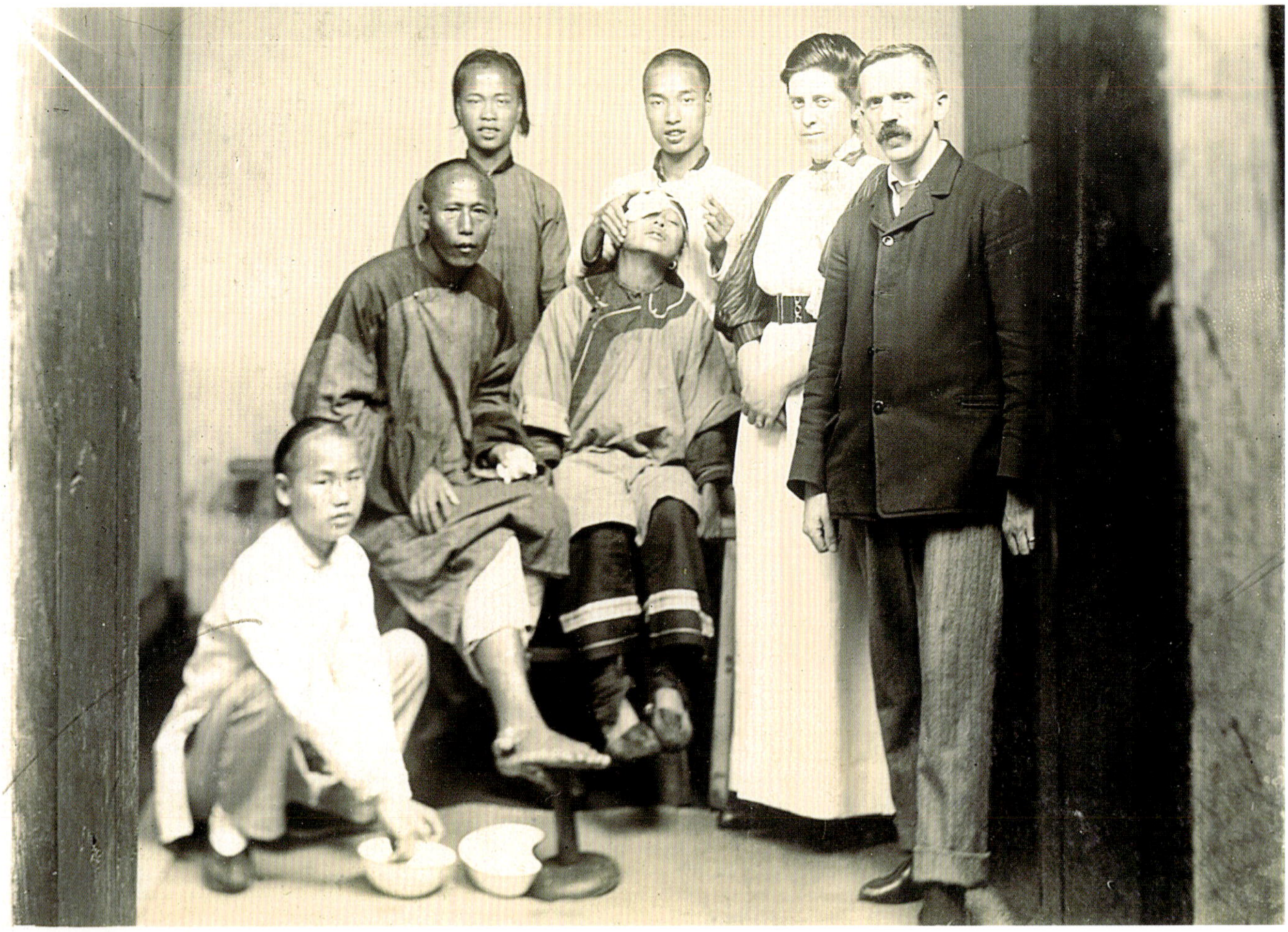

英国传教士布莱尔夫妇都是医生，他们在汀州传教，也为当地人治病。

1. 布莱尔夫妇在汀州为教徒治病

2-3. 布莱尔夫妇与汀州教徒合影

1. 布莱尔夫妇全家在汀州
2. 布莱尔夫妇与汀州民众在一起

客家人的热情好客，使布莱尔夫妇很快融入当地的生活。

汀州客家土楼，是世界上独一无二的神奇的山区民居建筑，是我国古建筑的奇葩。它历史悠久、风格独特、规模宏大、结构精巧。土楼形状主要为方形和圆形。汀州地区共有圆楼360座，方楼4000多座。

美国传教士郁约翰不仅是牧师、医生，还是出色的建筑师，对汀州客家土楼有浓厚的兴趣。厦门小溪医院、救世医院是他设计建造的，鼓浪屿著名的八卦楼也是他设计的。

1. 郁约翰拍摄的汀州客家土楼
2. 在汀州期间的郁约翰

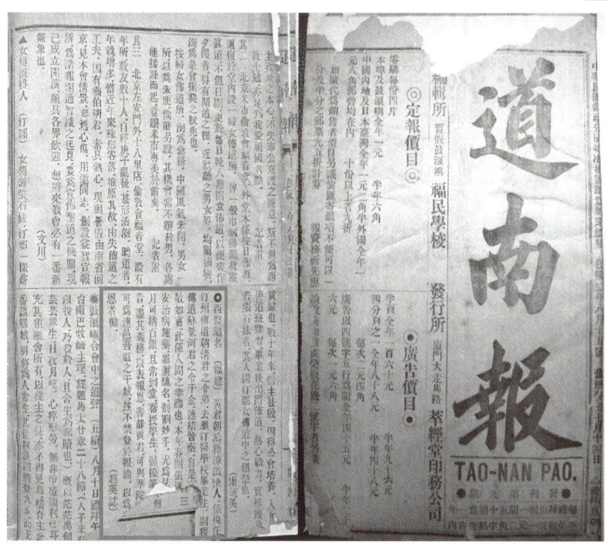

道南報

TAO-NAN PAO

◎定報價目◎

◎廣告價目◎

福民學校

萃經堂印務公司

1.《道南报》关于汀州教会的报道
2.长汀教会内景
3.按立仪式的情景

1934年6月20日，汀州区会詹嘉德、傅达能、袁祖週三牧师在河田教会按立蓝一辉为牧师。

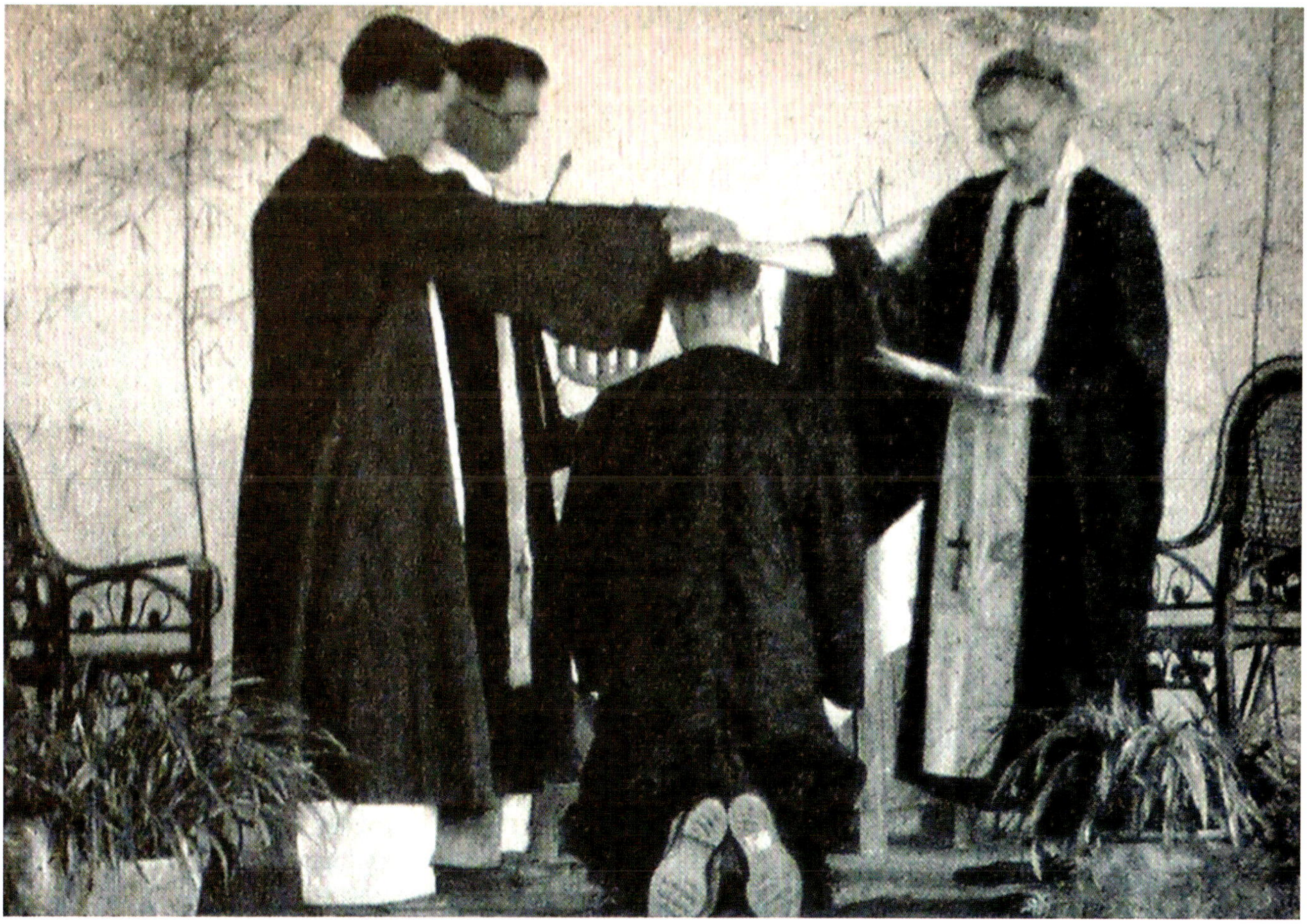

1. 女传教士在汀江向船民传教
2. 1935年詹嘉德、周之德、陈秋卿三牧师合影
3. 1935年11月中华基督教汀州区会合影
（左三为英国传教士白士德牧师，中间英国女子为詹嘉德牧师）

驻汀州的外国传教士中，也有个别女性，都有中国名字，她们不畏艰险，传播福音，英国传教士詹嘉德就是其中的一位。在教徒周某家中吃灯盏糕，詹嘉德反复幼稚地询问："面底两块是怎样粘合的?"成为一时笑谈。

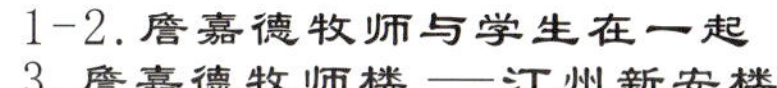

1-2.詹嘉德牧师与学生在一起
3.詹嘉德牧师楼——汀州新安楼

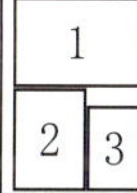

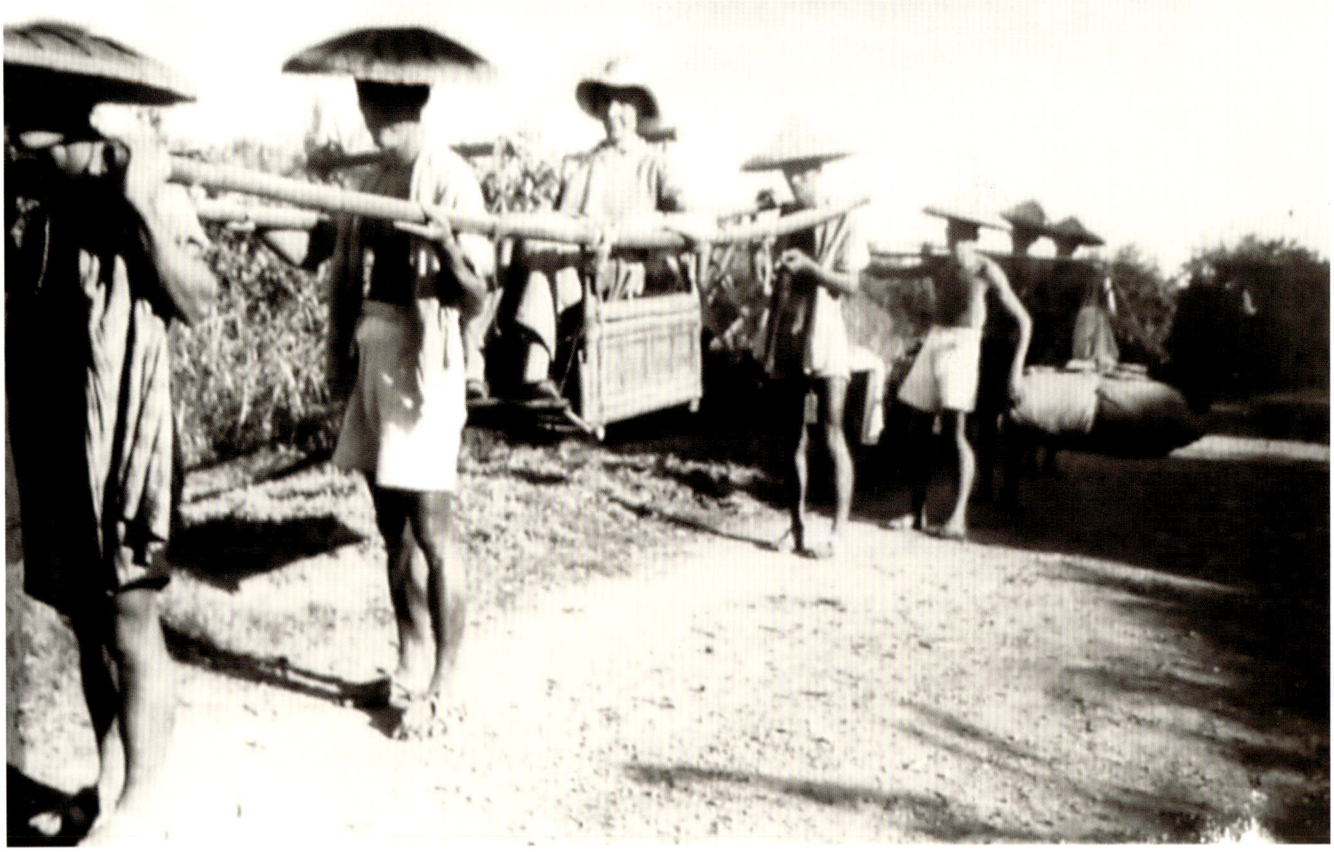

客家人勤劳善良，为外国传教士的布道和生活提供了便利。

1	
2	3

1. 在汀州官道坐轿子的传教士
2. 与汀州客家人融洽相处的传教士
3. 在汀州乡村布道的传教士

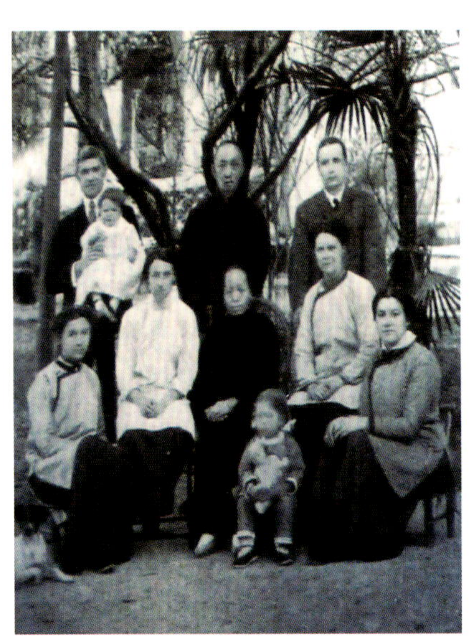

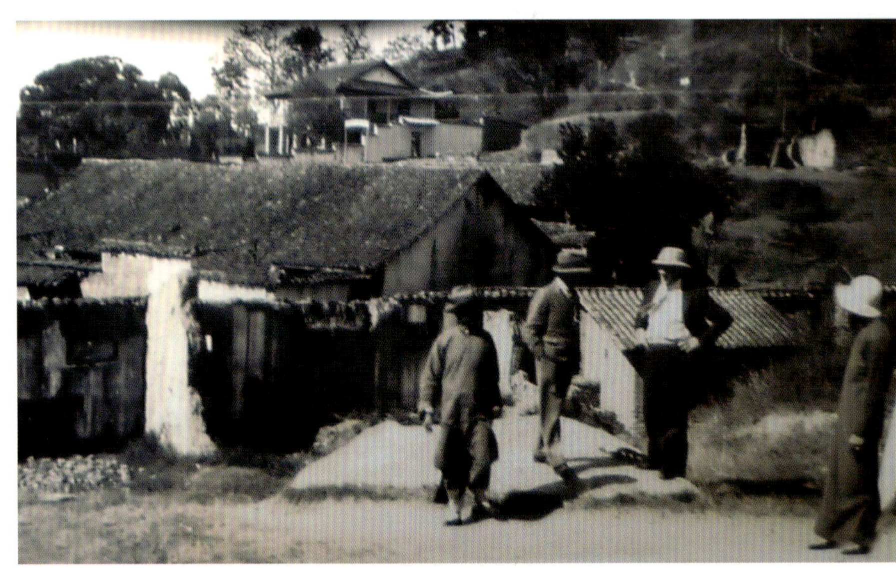

在外国传教士的带领下，汀州教会发展迅速，实现本土化。

1. 中华基督教汀州真理学校的教师
2. 中华基督教汀州真理学校的师生
3. 中华基督教汀州真理学校的校舍

20世纪20年代初，汀州一大批有志青年纷纷出国留学，“师夷长技以制夷”，准备报效祖国。

赴法国勤工俭学的汀州青年黄翼深（后排右1）在法国与周恩来（前排左4）、邓小平（后排右3）等人合影

从唐代至民国，长汀县城一直是州、郡、路、府、行署的治所。

1
2

1. 1929年的长汀县城
2. 上世纪20年代的汀江江畔

第二部分

名流薈萃

张九龄（678—740年），唐代政治家、诗人。韶州曲江（今广东韶关市）人。长安二年（702年）进士，官至中书侍郎同中书门下平章事。后罢相，为荆州长史。诗风清淡，有《曲江集》。张九龄忠耿尽职，秉公守则，直言敢谏，选贤任能，为“开元之治”做出积极贡献。

谢公楼，感怀谢眺而建，在汀州府治南。左有岩洞奥突，右有杰阁云矗、石笋嶙峋龙潭之胜。依山傍水，集奇山、碧水、古木、桥梁、楼阁于一体。开元年间，宰相张九龄告假回家乡曲江闲居，闻汀州竹木繁茂、山清水秀，为世外桃源，一时兴起，邀胞弟九皋从赣入闽游玩观赏，于谢公楼上欣然提笔作诗。

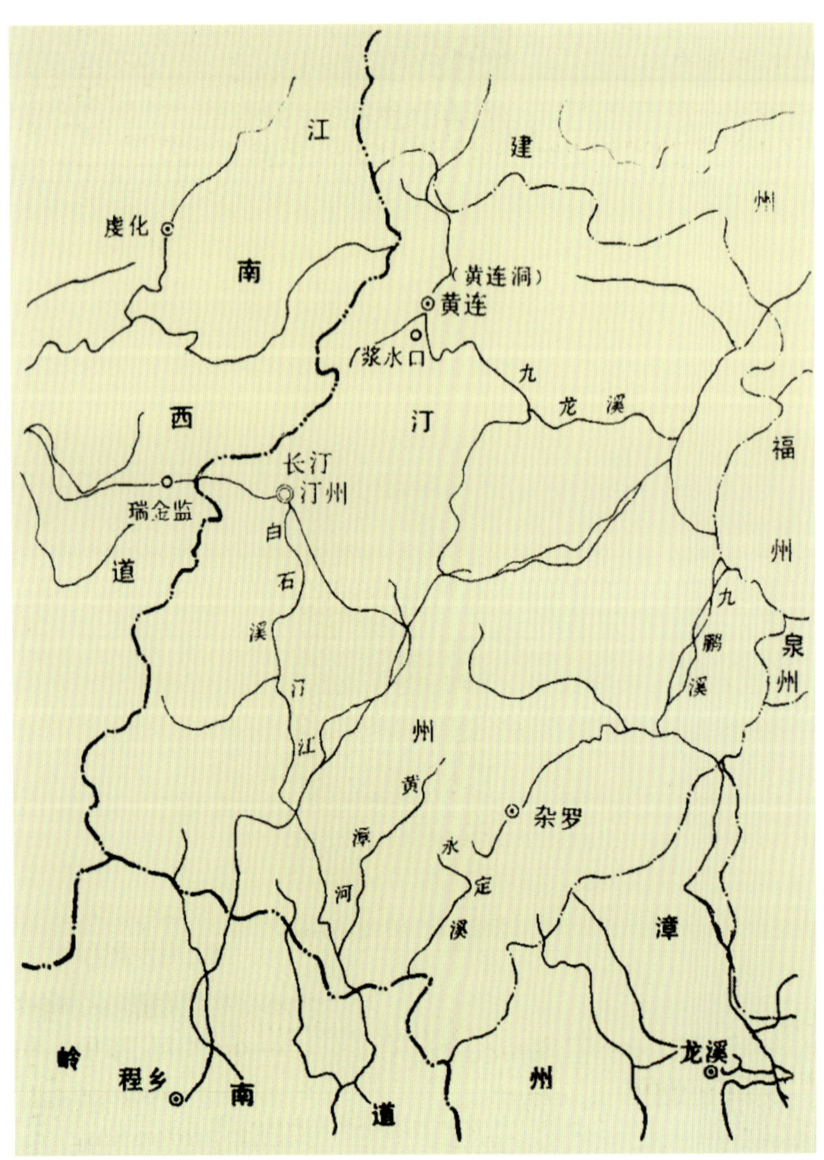

题谢公楼

谢公楼上好醇酒，二百青蚨买一斗。

红泥乍擘绿蚁浮，玉碗才倾黄蜜剖。

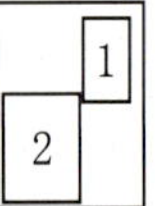

1. 张九龄塑像
2. 唐代汀州区域图

初到汀州

初放到汀州，前心讵解愁。

旧交容不拜，临老学梳头。

禅室白云去，故山明月秋。

几年犹在此，北户水南流。

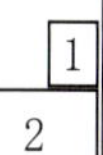

1. 释灵澈画像
2. 始建于唐代的汀州宁化慈恩塔

释灵澈（？—816年），俗姓汤，字源澄，唐会稽（今苏州）人。律宗高僧，驻锡长汀卧龙山下八年。著有《律宗引源》廿一卷。与刘禹锡、刘长卿、吕温交往甚密，互有诗作相赠，享誉当时诗坛。

从诗作看，灵澈法师居留汀州之际，已有一定年龄。经历生活坎坷，人生的感慨和僧人的达观于诗中融为一体。末句“水南流”既是汀江的写实，也是北人南迁落籍汀州的写照。

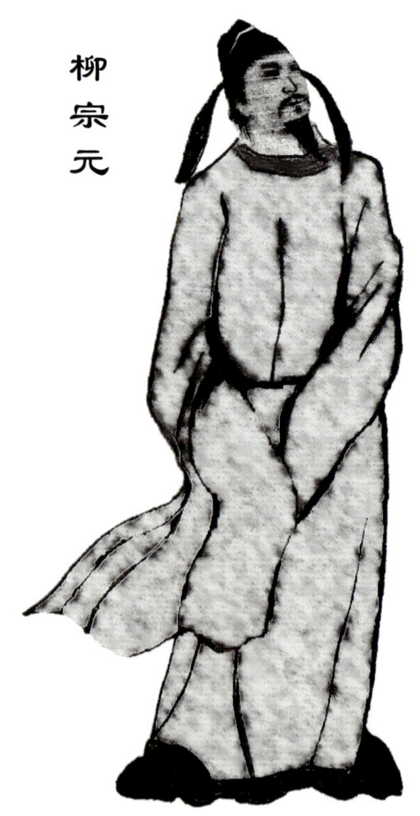

柳宗元（773—819年），字子厚，唐代河东郡（今山西永济县）人。杰出诗人、哲学家、儒学家、成就卓著之政治家，“唐宋八大家”之一。

史载，蒋防、韩晔和元自虚这三位中唐著名文人都曾被贬谪到汀州任刺史。宪宗元和十年（815年），由于权臣的谗害，八司马中又有五人被贬到更远的地方任刺史。柳宗元贬为柳州刺史，刘禹锡贬为连州刺史，韩晔贬为汀州刺史，韩泰贬为漳州刺史，陈谏贬为封州刺史。元和十年（815年）夏，柳宗元到柳州任所，写下《登柳州城楼寄漳汀封连四州刺史》一诗。全诗情景交融，抒发了登楼远眺，怀念患难与共战友的深挚感情。

登柳州城楼寄漳汀封连四州刺史

城上高楼接大荒，海天愁思正茫茫。
惊风乱飐芙蓉水，密雨斜侵薜荔墙。
岭树重遮千里目，江流曲似九回肠。
共来百越文身地，犹自音书滞一乡。

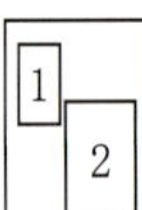

1. 柳宗元画像
2. 画家上官周笔下的汀州城楼

送汀州元使君

曾成赵北归朝计，因拜王门最好官。
为郡暂辞双凤阙，全家远过九龙滩。
山乡只有输蕉户，水镇应多养鸭栏。
地僻寻常来客少，刺桐花发共谁看。

张籍（约767—约830年），唐代诗人，字文昌，安徽和县人。著名诗篇有《塞下曲》《征妇怨》《采莲曲》《江南曲》。

唐元和年间，张籍的朋友元自虚来汀州任刺史，张籍相送到汀州，写下此诗。九龙滩，福建燕江滩名。自北来汀的官员，一般由闽北入闽至延平，然后经由沙县坐船，溯沙溪和燕江，过了九龙滩，到今清流县上岸，后陆行转赴汀州。

1. 张籍画像
2. 汀州古桥

余寓汀州沙县，病中闻前郑左丞璘随外镇举荐

莫恨当年入用迟，通材何处不逢知。

桑田变后新舟楫，华表归来旧路岐。

公干寂寥甘坐废，子牟欢抃促行期。

移都已改侯王第，惆怅沙堤别筑基。

韩偓

韩偓（842—923年），唐末著名诗人，陕西万年县（今樊川）人。韩偓自幼聪明好学，十岁时，即席赋诗送姨父李商隐，满座皆惊，李商隐称赞其诗“雏凤清于老凤声”。龙纪元年(889年)，韩偓中进士，初在河中镇节度使幕府任职，后入朝任左拾遗、左谏议大夫、度支副使、翰林学士。《全唐诗》收录韩偓作品332首。韩偓晚年全家避乱入闽，在汀州住过一段时间，共创作诗歌50余首。

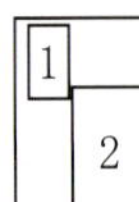

1. 韩偓画像
2. 清末传教士拍摄的汀州官道

1.长汀定光庙
2.定光佛圣像

定光佛

定光古佛（934—1015年），俗姓郑，法名自严，福建泉州同安县人。祖上在南唐时任四门斩斫使，父亲任同安令。定光11岁出家，乾德二年（964年）31岁时驻锡临汀郡武平县南安岩。生前逝后镇蛟伏龙、呼风祈雨、御寇除妖、救死扶伤，诸多善行义举在汀州各县、闽粤赣台及东南亚客家地区广为流传，被信众尊为定光佛。南宋乾道三年（1167年），诏赐累封为“定光圆应普慈通圣”大师，“民依赖之，甚于慈父”。

王捷（生卒年不详），宋代冶金学家、汀州长汀人，宋真宗赐名中正，封为左武卫将军，官至光禄大夫、礼部尚书。

1. 王捷画像
2. 长汀北极楼落成纪念摄影

苍玉洞

苍玉门径阔，白云庭院深。

鄞江一丈水，清可照人心。

蒋之奇(1031—1104年)，江苏宜兴人，宋朝诗人。与苏轼为同年进士。此诗为蒋之奇任福建转运判官时来汀所作。苍玉洞在长汀城东郊，长汀县城八大风景区之一，素有“苍玉古洞”美誉，抗日战争时期，长汀人在此洞躲避日本飞机轰炸。

1. 蒋之奇画像
2. 上官周描绘的汀州风光
3. 苍玉洞遗迹

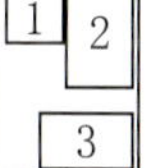

郭祥正（1035—1113年），太平州当涂（今属安徽）人，皇祐五年（1053）进士。元丰四年（1081年）起任汀州通判，次年代理漳州知州。郭祥正诗格俊逸似李白，同代人梅尧臣誉之为“真太白后身”。著有《青山集》三十卷。

苍玉洞

片片冰崖裂，淙淙雪浪深。
举头看白鹭，相伴洗尘心。

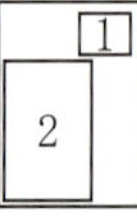

1. 郭祥正画像
2. 清末传教士拍摄的汀州街景

戏答陈元舆

平生所闻陈汀州，蝗不入境年屡丰。
东门拜书始识面，鬓发幸未成老翁。
官饔同盘厌腥腻，茶瓯破睡秋堂空。
自言不复娥眉梦，枯淡颇与小人同。

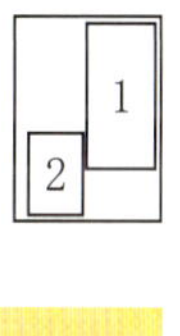

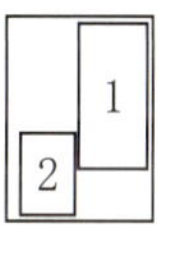

1. 黄庭坚自绘石刻像
2. 黄庭坚书法字帖《诸上座帖》封面

黄庭坚（1045—1105年），洪州分宁（今江西修水）人。北宋诗人、词人、书法家。英宗治平四年（1067）进士。诗歌与苏轼并称“苏黄”；书法与苏轼、米芾、蔡襄并称“宋代四大家”；词作与秦观并称“秦黄”。

黄庭坚回乡省亲路过汀州，与汀州知州陈轩（字元舆）诗词唱和甚欢。元祐三年（1088年）正月至三月进士考试，翰林学士苏轼领贡举事，黄庭坚与刚刚从汀州离任的陈轩参酌详审。“锁院”期间，考官不得回家住宿，不准会见亲友。黄庭坚和陈轩作为参详官参与最后一道评卷的程序，负责把关，两人结下深厚的友谊。《戏答陈元舆》表达了黄庭坚对陈轩和汀州的赞誉。

杨时（1053—1135年），字中立，号龟山先生，汀州归化（今明溪县）人，宋代著名理学家，宋熙宁九年（1076年）进士。

两宋时期，闽西北先后出现杨时、罗从彦、李侗、朱熹四位大理学家，他们都是中国传统儒学和宋明理学发展史上继往开来的宗师，是由洛学逐步向闽学过渡最终建成闽学思想体系的中间环节和渊源所在，史称“延平四贤”。其中的“道南第一人”杨时，传承二程理学，开闽学之先河。杨时的理学为中国哲学史竖起一块丰碑。

楊時見程頤于洛，時蓋年四十矣。一日見頤，頤偶瞑坐，時與游酢侍立不去，頤既覺，則門外雪深一尺矣

宋史·楊時傳

夜雨

似闻疏雨打蓬声，枕上悠扬梦半醒。

明月觉来浑不记，隔船相语过前汀。

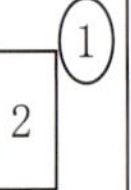

1. 杨时画像
2. 程门立雪 四代传人

汀州诗

居人不记瓯越事，遗迹空传福抚山。
地有铜盐家自给，岁无兵盗戍长闲。
一川远汇三溪水，千嶂深围四面城。
花继腊梅长不歇，鸟啼春谷半无名。

陈轩（生卒年不详），字元舆，福建建阳人，宋仁宗嘉祐八年（1063年）进士。元丰（1078—1085年）时任汀州知州。陈轩任汀州知州时，治尚清廉，高洁自守，重视农业生产，使百姓丰衣足食、安居乐业。陈轩也是颇有才华的诗人，公务之余，常与汀州通判郭祥正一道，结伴登山临水，更相唱和，留下不少脍炙人口的诗篇。

1. 陈轩画像
2. 汀州水东桥

公生平負天下之望以一身用舍為社稷生民安危身雖在外知無不言雖不見用而心未嘗少变為相僅七十日而其忠誠義氣凜然動乎遐邇与趙忠簡公鼎皆為遠人所畏服每宋使至燕山必問李綱趙鼎安否朱子稱公為一代偉人云

李纲 (1083—1140年)，北宋末南宋初抗金名臣。福建邵武人。政和二年（1112年）进士及第。曾任监察御史兼权殿中侍御史，因议论朝政过失，被罢去谏官职事。宣和元年（1119年），上疏要求朝廷注意内忧外患，宋徽宗赵佶认为其议论不合时宜，谪监南剑州沙县税务。此诗为李纲被谪来汀赋闲时所作。

读书堂

灵洞水清仙可访，南岩木古佛同居。

公余问佛寻仙了，赢得工夫剩读书。

1. 上官周绘画的李纲像
2. 李纲旧居汀州兴国寺

1. 陆游画像
2. 宋代元丰年间建筑——汀州寿宁桥

长汀道中

晚过长汀驿，溪山乃尔奇！
老夫惟坐啸，造物为陈诗。
鸟送穿林语，松垂拂涧枝。
凭鞍久忘发，不是马行迟。

陆游

陆游（1125—1210年），号放翁。浙江绍兴人，南宋著名诗人。中年入蜀，投身军旅生活，官至宝章阁待制。晚年退居家乡，但收复中原信念始终不渝。创作诗歌近万首。抒发政治抱负，反映人民疾苦，风格雄浑豪放；抒写日常生活，也多清新之作。

陆游曾两次入闽为官，一是始仕福州宁德县主簿，继调福州决曹；二是任提举福建常平茶盐公事。陆游徜徉于闽山越水间，留下不少诗文佳作。此诗描写陆游被长汀道中奇美的山水风光深深吸引、流连忘返的情形。

赠汀郡邑主簿刘子翔

腾喜君才老更成，伊优丛里见孤撑。
官身未免心徒壮，亲戚频违泪欲横。
薄饮不嫌春笋束，廉声要比玉壶清。
枉木投轮殷诚甚，安得仁言与赠行。

朱熹（1130—1200年），江西婺源人。为政期间，申敕令、惩奸吏，治绩显赫。朱熹是著名的理学家、思想家、哲学家、教育家、诗人，是闽学的代表人物，世称朱子。

时汀郡长汀邑主簿刘子翔邀朱熹莅汀讲学，慕名前往听讲者众，座无虚席。朱熹临别时赠刘子翔七律一首，勉其以清为官。为纪念朱熹在汀讲学，将其当年讲学之院称为朱子祠（在长汀一中校内），历代均修缮保存，为县级文物保护单位。

1. 朱熹画像
2. 朱熹讲学的情景
3. 汀州朱子祠

辛弃疾

辛弃疾（1140—1207年），南宋词人。别号稼轩，历城（今山东济南）人。一生力主抗金。曾上《美芹十论》与《九议》，条陈战守之策，显示其卓越军事才能与爱国热忱。其词抒写力图恢复国家统一的爱国热情，倾诉壮志难酬的悲愤，对执政者的屈辱求和颇多谴责；不少作品吟咏祖国河山。

辛弃疾两度入闽做官。在福建将近三年，他“临民以宽，待士以礼，驭吏以严”，受到民众的拥戴。

南宋时的汀州，豪强地主大肆兼并土地，出现大量流民，国家税收锐减。同时，汀州百姓吃的是官府专卖的福盐，盐价昂贵。辛弃疾为此写下《论经界盐钞札子》，上书宋光宗，请求在汀州推行新政。辛弃疾组织人力治理汀江航道，兴建码头，设立盐税关卡。还在汀州府学大成殿多次讲学，宣扬“外倾其敌，内厚其民”的施政方略。

1.辛弃疾画像
2.汀州府学图

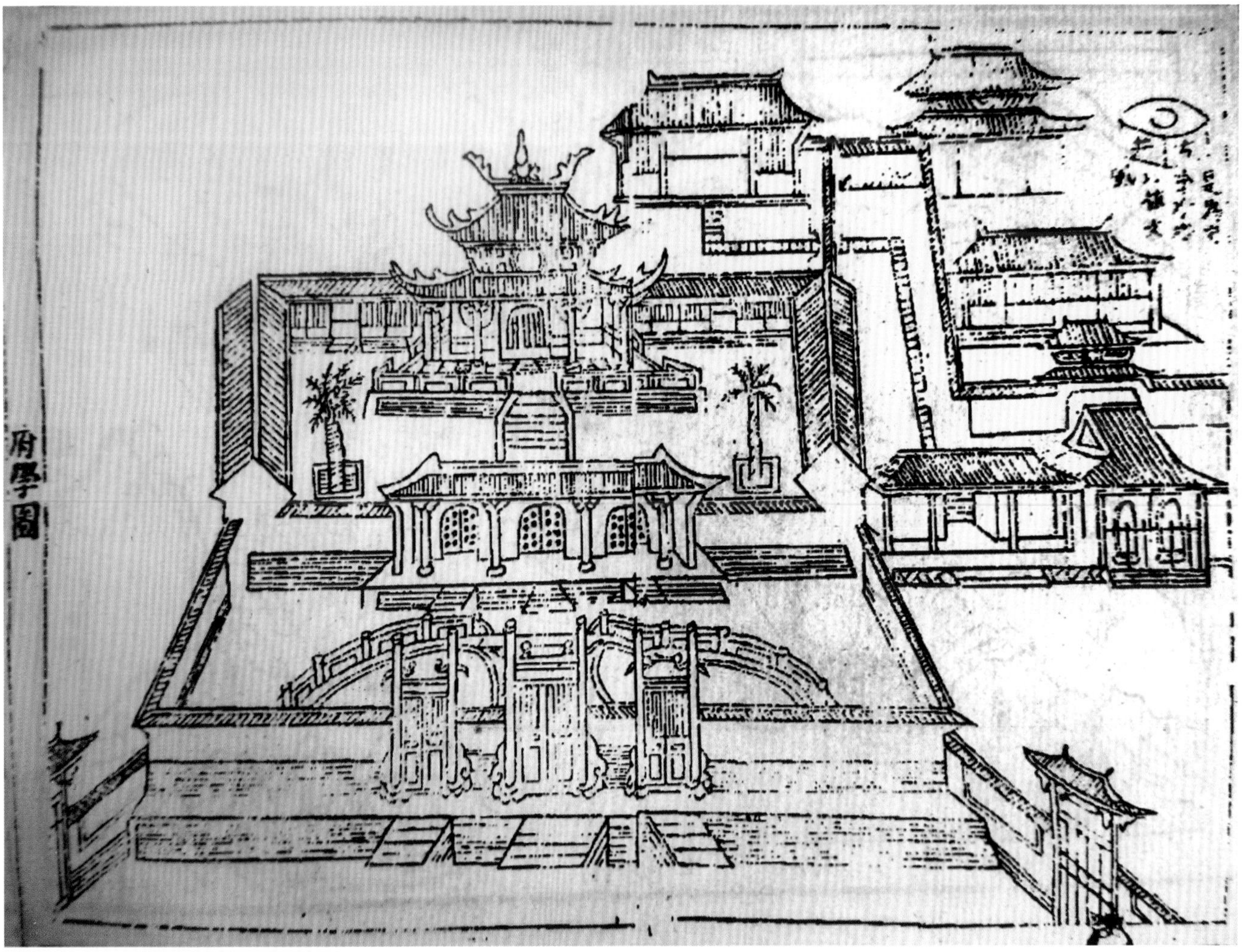

府學圖

陈晔

我爱汀州好

我爱汀州好，山川秀所钟。

阁前横滴水，亭畔列奇峰。

古驿森慈竹，莲城挺义松。

陈晔，福州长乐人。宋庆元二年（1196年）任汀州知府。《临汀志·名宦》载其在汀六年，“为治精明，百废俱兴”。陈晔捐款助学，革除官占良田以养学校；减官盐价以利平民。

陈晔毕生勤于著述，编辑《临汀志》《家藏经验方》等书。也是宋代著名词人。其弟陈映在嘉定年间接任汀州知府事，克守兄法，汀州八县为之振兴。

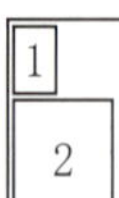

1. 陈晔画像
2. 千年古建筑
——汀州府城隍庙

登谢公楼

沿岸城郭开翠屏，南山毓秀欲腾云。
寺院宝塔耸苍昊，江上群峰排众青。
沽酒自作太白醉，凭栏独向曲江斟。
风流江左今何处，吊古吟诗谁解听。

邹应龙（1172—1244年），泰宋（今泰宁）人，宋宁宗庆元二年（1196年）状元。邹应龙少力学，性刚直，中状元时，年仅二十四岁。嘉熙元年（1237年），邹应龙进为端明殿学士，签书枢密院事。年老，邹应龙引退辞职，理宗手书“南谷”二字赐之。邹应龙为官刚正，为朝野称颂。淳佑四年（1244年）因病去世，享年七十二岁。

邹应龙因避乱至汀州，正值闲居期间，乘时了解民情，寻访几经战乱失散在汀的儿孙。游览汀城名胜谢公楼，领略山城旖旎风光，驱散胸中郁垒。

1. 邹应龙画像
2. 邹应龙在汀州四堡的衣冠冢

宋慈（1186—1249年），福建建阳人，嘉定十年（1217年）进士。淳佑七年（1247年），宋慈编著法医学专著《洗冤集录》，是世界上第一部系统的法医学权威著作，比欧州法医学专著《关系医学》问世早350多年，由此宋慈被誉为“法医鼻祖”。绍定五年（1232年），宋慈任长汀知县。

在汀州任职期间，宋慈发动汀江两岸人民辟出从汀州至潮州的航道，使汀州成为闽粤赣边的物资集散中心，为古汀州的对外经济做出巨大贡献。长汀还是宋慈最早进行法医实践和神奇断案的地方，在当地留下许多传奇和佳话。

淳佑九年（1249年），宋慈在广州病逝，归葬于建阳，享年64岁。宋理宗赐赠朝仪大夫，赞誉他为“中外分忧之臣”，亲手题写墓碑“慈字惠父　宋公之墓”。为了纪念宋慈在长汀的政绩和功德，人们在汀江河畔刻碑建亭，以示对他的永远怀念。

1. 宋慈画像
2. 长汀宋慈亭

文天祥

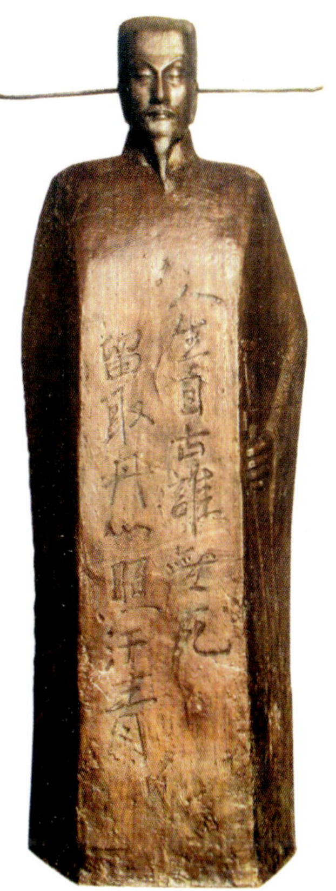

汀 州

雷霆走精锐，斧钺下青冥。

江城今夜客，惨淡飞云汀。

文天祥（1236—1283年），吉州庐陵（今吉安县）人。南宋杰出的民族英雄和爱国诗人，留下千古名句“人生自古谁无死，留取丹心照汗青”。

德佑二年（1276年）十月，文天祥被任命为右丞相兼枢密院事，督诸路军马抵抗元兵。文天祥率兵从赣州转战至长汀，写下《汀州》一诗，抒发了率军入汀军势大振的壮志情怀。路过汀州归化，写下《莘夫人庙留题》一诗。莘夫人庙，宋时建，纪念莘氏圣七娘。莘氏圣七娘，从夫出征死于归化。

莘夫人庙留题

百万貔貅扫彗芒，家山万里受封疆。

男儿不展撑天手，惭愧明溪圣七娘。

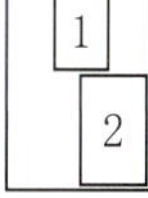

1. 文天祥塑像
2. 上官周笔下的汀州图

赵孟頫（1254—1322年），吴兴（今浙江湖州）人。元代著名画家，楷书四大家（欧阳询、颜真卿、柳公权、赵孟頫）之一。赵孟頫博学多才，能诗善文，懂经济，工书法，精绘艺，擅金石，通律吕，解鉴赏。尤以书法和绘画成就最高，开创元代新画风，被称为“元人冠冕”。

吴思可，汀州路总管，赵孟頫好友，赵孟頫为其写有《送吴思可总管汀洲诗》一诗。

送吴思可总管汀州诗

七闽南去路崎岖，五马承恩出帝都。

地气喜闻今有露，民生宁似昔无襦。

山城酒熟倾鹦鹉，雨馆春深听鹧鸪。

他日相思应怅恨，离筵不忍赋骊驹。

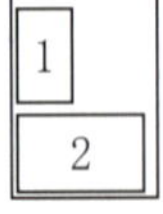

1. 赵孟頫画像
2. 汀州古城门——惠吉门

1.汀州八角亭、上上塔
2.卢琦画像

汀州道中

七闽穷处古汀州，万壑千岩草木稠。
岚气满林晴亦雨，溪声近驿夜如秋。
云中僧舍时闻犬，兵后人家尽卖牛。
但得龚黄为太守，边方从此永无忧。

卢琦（1306—1362年），惠安人。元至正二年（1352年）登进士第，为元末闽中四大名士之一。

至正十六年（1356年），汀州农民起义频繁，作者在福建宣慰司都元帅府任职，常进汀州平乱。此诗为卢琦来汀处理公务时所作。

陈有定（1329—1368年），汀州清流县人。初为明溪驿卒，元至正十二年（1352年），升为黄土寨巡检，随佥都元帅征剿邵武农民起义。不久，升为清流县尉、县尹。至正十八年（1358年），升任延平路总管。翌年，击败陈友谅部将邓克明，乘胜追击到宁化、连城一带，随即调任汀州路总管，升行省军政。下诗为其所作。

1. 陈有定驻守过的长汀古寨
2. 陈有定画像

送赵将军

纵横薄海内，不惨别离颜。

几载飘零意，秋风一剑寒。

扶风胜地

临汀莫胜扶风地，水色山光两明媚。

乾坤一脉孕精灵，胜概悠然景幽趣。

1. 马驯画像
2. 马驯古墓

马驯（1421—1496年），汀州长汀县四堡（宣和、罗坊、四堡三乡原辖属长汀县，上世纪50年代陆续划入连城县）人。明正统十年（1445年）进士，明景泰至成化时历任户部主事、郎中，四川左参政、右布政使、左布政使，都察院左都御史，巡抚湖广。关中受灾，大批饥民流亡湖广，马驯立即采取赈济和平粜措施，多方安抚，使无数饥民得救。不久，湖南、湖北受灾，马驯亲往各地视察，按灾情轻重减免田赋，百姓得以渡荒。上诗为其所作。

爱 梅

玉作丰标铁作神，群芳难比此芳真。

能于风雪飘零日，特似乾坤挺立人。

菊萎渊明三径草，莲枯茂叔一池尘。

寒花独放殊堪喜，蓦地呼回万象春。

1. 郝凤升画像
2. 水东桥南汀江两岸

郝凤升（1468—1522年），长汀县九龙山人。明代文学家，明正德六年（1511年）进士，著有《和沈日休梅花百咏》律诗一百首。授大理寺评事、大理寺副卿，后任浙江严州知府，葬于汀州城西关外。

王阳明

丁丑二月征漳寇，进兵长汀道中有感

将略平生非所长，也提戎马入汀漳。
数峰斜日旌旗远，一道春风鼓角扬。
莫倚贰师能出塞，极知充国善平羌。
疮痍到处曾无补，惭愧湖边旧草堂。

1. 王阳明画像
2. 汀州王文成（王阳明的封爵）公祠

王阳明（1472—1529年），原名王守仁，绍兴余姚（今浙江省余姚市）人。明代著名思想家、教育家、文学家、书法家、哲学家和军事家，官至南京兵部尚书、南京都察院左都御史。王阳明非但精通儒、释、道三教，而且能够统军征战，是中国历史上罕见的全能大儒。

明正德十二年（1517年）二月，王阳明率军征剿漳州匪盗，途经汀州写下该诗。时值大旱，应士绅之请，王阳明模仿诸葛武侯为民祈雨。天公作美，大雨下了一天一夜，旱象稍解。军情急迫，王阳明挥师出永定直赴漳州“沥头”（今平和县），当他剿灭“漳寇”凯旋班师回上杭时，已是四月戊午。此时，大雨三日三夜，旱象解除，万民欢悦。

宗臣

题朝斗岩

百尺高岩插斗寨，鄞江江上长琅玕。

泉声晓破千峰碧，树色晴吹万木丹。

傲吏珮环云外见，中原风雨醉边看。

十年各有冥鸿语，何地相逢始挂冠。

宗臣（1525—1560年），明代抗倭名将，著名文学家，被誉为“嘉靖七才子”。嘉靖三十六年（1557年），宗臣外补福建布政司左参议，这年夏天抵福建任所，镇守汀州。其诗中的朝斗岩，有“朝斗烟霞”，为长汀县城八景之一。

1. 宗臣画像
2. 长汀朝斗岩

1. 长汀霹雳公园
2. 徐中行画像

题霹雳岩

仙台高与碧云平，风驭冷然落太清。
石室昼开丹灶色，天门秋度紫箫声。
题诗此日鸿濛坼，把酒千山海月生。
况有同心堪坐啸，风流谁似谢宣城。

徐中行（？—1578年），长兴（今属浙江）人。明朝诗人，“后七子”之一。嘉靖二十九年（1550年）进士。初授刑部主事，历员外郎中，出任汀州府知府。

其诗中的霹雳岩，有“霹雳丹灶”，长汀县城八景之一。霹雳岩是雅川隐士炼丹之处，宋时辟为游览胜地，咸平年间县人王捷在此冶炼黄金。明嘉靖年间兴建碧云洞，亭台书院逦倚岩阿，石磴萦纡，花竹香野。民国二十八年（1939年）将霹雳岩辟为公园，上世纪80年代，为纪念中共第一任长汀县委书记方方，改为方方公园。

裴应章（1536—1609年），汀州清流人，明代吏部尚书，曾为汀州连城撰《文峰塔记》：“堪舆家按位辨方，往往创建佛塔以代文峰，举国州县如是，而福建尤盛。”

1. 裴应章故居
2. 裴应章画像
3. 裴应章笔下的文峰塔

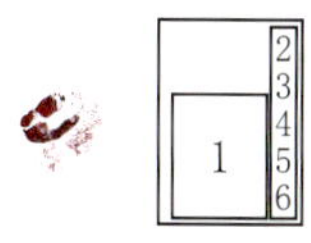

1. 徐霞客塑像
2-6. 不同版本的《徐霞客游记》

明崇祯元年（1628年），徐霞客经于都、瑞金至汀州，取汀江乘舟南行，经广东大埔再沿潭河往东，过平和回南靖，这是徐霞客“闽广游”中游程最长、游展最广的一次远游。

宋应星

宋应星（1587—1666年），明末科学家。奉新（今属江西）人。崇祯七年（1634年）任江西分宜教谕，十一年（1638年）为福建汀州推官，十四年（1641年）为安徽亳州知州。明亡后弃官归里，终老于乡。当时商品经济高度发展，生产技术达到新水平，宋应星在江西分宜教谕任内著成《天工开物》一书。其著作还有《野议》《论气》《谈天》《思怜诗》《画音归正》《卮言十种》等，但今已遗失。

1.宋应星画像
2.宋应星进汀州
3.《天工开物》封面

登云骧阁

高阁临天际，登之一望遥。
长吟惊帝座，正气薄云霄。
山色侵霞乱，水光扶日摇。
斜阳添逸兴，明月复相邀。

1.熊兴麟画像
2.汀州云骧阁

熊兴麟（1606—1694年），汀州永定人。明崇祯十六年（1643年）进士，授江苏宜兴县令。明朝覆亡，清兵入关，大江南北，时局动荡，熊兴麟一秉素志，绝贿赂，平讼狱，革除苛税，安抚百姓，治绩斐然，民众称颂。永历元年（1646年），熊兴麟出任湖广监察御史。是年冬，清兵进逼楚中一带，熊兴麟出巡辰阳，为清兵所执，一面逼令他剃发纳印，一面温言劝降。熊兴麟从容不为所动，坚请释归养亲，遂被羁禁长达七年。囚居在一个狭小臭秽的破屋子里，备受折磨，但始终不为所屈。顺治十年（1653年），归故里汀州，其时已年近半百。

1. 刘国轩画像
2. 刘国轩驻守过的台湾古城

刘国轩（1629—1693年），字观光，生于长汀四都西口菜坑。明季动荡，刘国轩早年即以智略闻名乡里。明崇祯十七年（1644年），兵燹波及长汀，乡民结寨自保，刘国轩献伏兵计并亲自指挥乡民大破扰民之敌，年仅15岁。清康熙二十二年（1683年），刘国轩在说服郑克爽和群僚后，即令修表归顺清朝，实现了台湾与祖国大陆的统一。康熙帝褒奖他归顺有功，授他为天津卫总兵，委以扼守京畿门户重任。在天津任上，刘国轩兴修水利，奖励农桑，提倡文教，清康熙三十二年（1693年）刘国轩在天津病逝，终年65岁。康熙帝追赠他为光禄大夫、太子少保，赐葬顺天府苏家口。

陈启韬

陈启韬（1661—1742年），汀州归化（今明溪县）人，青年时代在汀州龟山文庙读圣学，后到暹罗（今泰国）从事大米贸易，被招为暹罗国驸马，官至丞相。下诗为其所作。

龟山挺秀

文星莅世神龟现，喜诞龙湖福寿延。
宏石为基怀腹洞，绿林作表蓄流泉。
源开朱李称鼻祖，派衍周程是大贤。
人品高洁山挺秀，双名吻合意尤全。

1. 陈启韬画像
2. 陈启韬祖屋

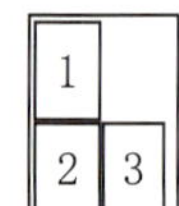

1. 上官周画像
2-3. 上官周画作

上官周（1665—1749年），长汀南山官坊人，清代著名画家。上官周擅长诗文、书法、篆刻，尤精于画，作品有《晚笑堂画传》《樵归图》《罗浮山图》《珠江挂帆图》等。其依据翔实史料和丰富的艺术构思，精心刻画120位历史人物绣像，对后世有一定影响。

鲁迅十分推崇上官周，曾购买《画传》寄赠木刻家亚历舍夫。日本《支那绘画史》中，专文记述《画传》的价值与影响，并将《晚笑堂画传》影印发行。清代窦镇称其“善山水，烟岚弥漫，墨晕可观”。

华嵒（1682—1762年），号新罗山人，汀州上杭人，长居扬州。清代著名画家，扬州八怪之一。工诗善画，山水、花鸟、人物皆精，尤以人物画见长，随意点染，无不佳妙。

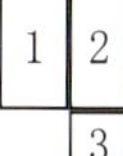

1. 华嵒画作《五马图》
2. 华嵒画作《六鸲鹆图》
3. 华嵒塑像

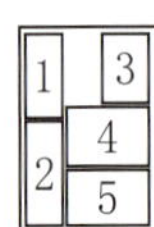

1.黄慎画作《湖亭秋兴图》
2.黄慎画作《捧花老人图》
3.黄慎塑像
4.黄慎故居
5.黄慎古墓

黄慎（1687—1768年），号瘿瓢子，别号东海布衣。汀州宁化人，扬州八怪之一。所作人物用笔粗犷，顿挫转折，纵横排踺，气象雄伟；花鸟笔法洗练，形象概括，画风泼辣；山水境界开阔，注重诗意的表达。

纪昀（1724—1805年），字晓岚，世称文达公，《四库全书》总纂。历雍正、乾隆、嘉庆三朝，享年82岁。因“敏而好学可为文，授之以政无不达”（嘉庆帝御赐碑文），卒后谥号文达，乡里世称文达公。

纪晓岚曾任福建学政，来汀州主考，留下“参天黛色常如此，点首朱衣或是君”的楹联。

1. 纪晓岚画像
2. 纪晓岚为汀州培田题写的匾额《渤水蜚英》
3. 纪晓岚为汀州冠豸山题写的匾额《追步东山》

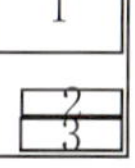

伊秉绶（1754—815年），清代大书法家，汀州宁化人，称“伊汀州”。乾隆五十四年（1789年）进士，历任刑部主事、员外郎。嘉庆四年（1799年）任惠州知府，因与上司、两广总督吉庆发生争执，被谪戍军台，昭雪后又升为扬州知府。在任期间，以“廉吏善政”著称。

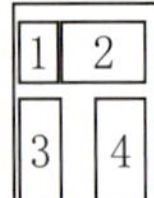

1. 伊秉绶画像
2. 伊秉绶祖祠
3. 伊秉绶绘画作品
4. 伊秉绶书法作品

林则徐（1785—1850年），福州人，字少穆，是清朝后期著名政治家、思想家和诗人，是中华民族抵御外侮的民族英雄，曾多次巡视汀州。官至一品，曾任江苏巡抚、两广总督、湖广总督、陕甘总督和云贵总督，两次受命为钦差大臣。主张严禁鸦片，抵抗西方的侵略，坚持维护中国主权和民族利益，赢得全体中国人民以及世界各地华人的敬仰。

2

1. 林则徐画像
2. 林则徐为汀州冠豸山题写的匾额《江左风流》

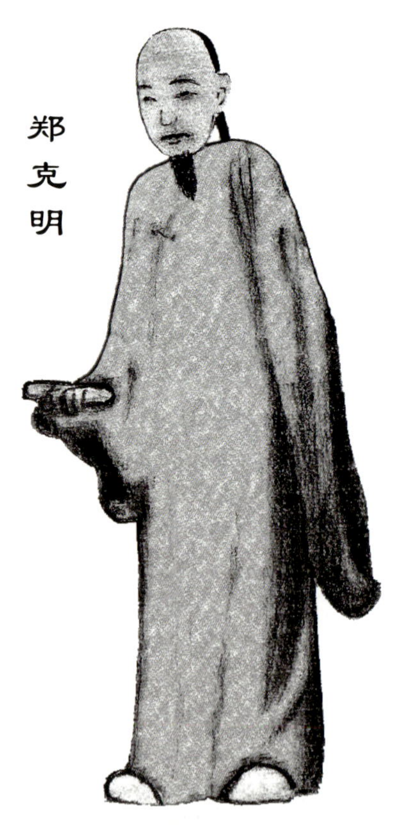

郑克明（1856—1913年），长汀人。晚清官员、教育家、诗人。郑克明为人耿直磊落，淡泊名利。著有诗集《省庵诗抄》，其中仅《扪襟集》存留至今，其余皆失传。

南明隆武二年（1645年）八月，清兵追击唐王朱聿键，汀州总兵周之蕃假扮“大明皇帝”，万箭穿心而死，唐王朱聿键得以逃脱。周之蕃的行为体现了客家人临危不惧的精神，他殉身的地方被人称为“救驾坪”，出土过一块刻有“周烈公之蕃救驾坪遗址”字样的石碑。为此，郑克明有诗追念。

追思周烈公之蕃

铁骑纵横势莫当，将军犹自认唐王。

英风不让田横岛，碧血光生古战场。

1. 郑克明画像
2. 明代建筑——汀州万魁塔

1. 刘光第像
2. 清代康熙时建筑——汀州站岭片云亭

刘光第（1859—1898年），祖籍汀州武平，光绪九年（1883年）进士，授刑部候补主事，“戊戌六君子”之一，清末维新派中的著名爱国诗人。清光绪二十四年（1898年），光绪下诏赏刘光第、谭嗣同、杨锐、林旭四人四品卿衔，军机章京上行走，参预新政。政变发生，四章京及康广仁、杨深秀同被捕，九月，被杀害于菜市口，史称“戊戌六君子”。

清光绪二十三年（1897年）春，刘光第受武平族亲之邀，从天津乘船南下回到汀州祖地。刘光第在汀州停留三月有余，游览山水，拜谒族亲，吟诗作对，创作了大量诗文。

为汀州望江楼题联

南牵襟带连朝斗，北仗屏藩耸卧龙。

两岸三桥彩虹影，千秋万古汀江情。

康咏

汀江舟中作

盈盈江水向南流，铁铸艄公纸作舟。

三百滩头风浪恶，鹧鸪声里到潮州。

康咏（1862—1916年），长汀城关人，清光绪十八年（1892年）进士，任内阁中书。其诗意凄清婉丽，哀而不伤，独具一格。此诗描绘汀江之水汹涌澎湃之状，汀江之险恶，船客之危险。其诗辑为《漫斋诗稿》六卷468首。

1. 康咏画像
2. 乾隆下江南时御笔褒扬的“古进贤乡”长汀三洲古码头

1. 传教士拍摄的汀州古城
2. 丘逢甲像

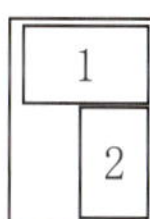

丘逢甲（1864—1912年），台湾近代著名诗人和民族英雄，祖籍汀州上杭，光绪十五年（1888年）进士，授工部主事。后担任台湾台中衡文书院主讲，在台南和嘉义教授新学。

清光绪二十一年（1895年），丘逢甲在台湾组织义军反抗日军。内渡后先在潮州、汕头等地兴办教育，倡导新学，支持康梁维新变法。后投身于孙中山的民主革命，与同盟会嘉应州主盟人何子渊等革命党人参与筹划潮州黄冈起义等革命活动。中华民国建立后，丘逢甲被选为广东省代表，参加孙中山组织的临时政府。台湾建有逢甲大学以纪念丘逢甲的丰功伟绩。

清光绪三十三年（1907年），丘逢甲专程回到汀州故里，盘桓多日，创作诗歌十余首，以主人的身份抒发对故土的深厚感情。

忆游汀江

东南山豁大河道，汀江南来更向东。

四面青山三面水，一城如画夕阳中。

孙中山（1866—1925年），祖籍汀州河田孙屋桥，出生于广东香山萃亨村，本名孙文，谱名德明，字载之，又号逸仙。中国近代民主主义革命先驱，中华民国和中国国民党创始人，三民主义的倡导者，首举彻底反封建的旗帜"起共和而终帝制"。1905年成立中国同盟会，1911年辛亥革命后被推举为中华民国临时大总统，其陵墓永久葬于南

京钟山中山陵。孙中山是一位在国际上受到敬重的革命家，中华民国尊其为国父、中国国民党尊其为总理，中国共产党尊称为"近代民主革命的伟大先行者"。

民国时，广州国立中山大学教授罗香林出版《国父家世源流考》一书考证："晚唐僖宗时，河南陈留有孙俐者，因平叛黄巢之乱定居江西宁都，越五传有承事公者，复迁福建长汀之河田，至明永乐间，有讳友松公者，再迁广东紫金，是为国父上世入粤始祖。"

1971年，《（台湾）乐安孙氏族谱》出版，年已81高龄的孙中山之子孙科在其《先世述略》中说："孙俐五传至孙承事，迁居福建长汀的河田。"

由于可见，孙氏由闽入粤始祖是孙友松，由赣入闽定居汀州河田的始祖是孙承事，中原入赣始祖是孙俐。

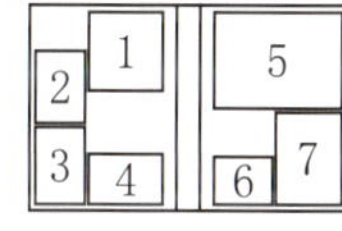

1. 孙中山像
2. 孙中山和宋庆龄结婚后合影
3. 1904年孙中山在檀香山与侄孙昌合影
4. 孙中山（中）在檀香山与孙科（左）及其家庭教师合影
5. 1901年孙母杨氏在檀香山同家人合影（后排右4为孙中山，右5为孙眉）
6. 1912年5月，孙中山家人在杨太夫人墓地合影
7. 孙中山手书《大总统誓词》

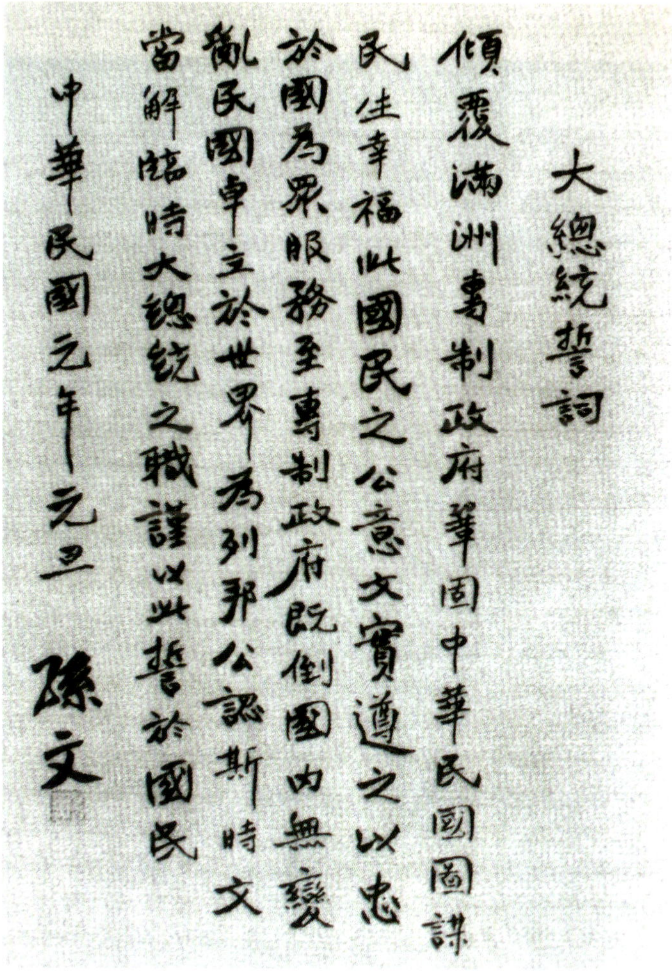

大總統誓詞

傾覆滿洲專制政府鞏固中華民國圖謀
民生幸福此國民之公意文實遵之以忠
於國為眾服務至專制政府既倒國內無變
亂民國卓立於世界為列邦公認斯時文
當解臨時大總統之職謹以此誓於國民

中華民國元年元旦

孫文

胡文虎（1882—1954年），汀州永定人。经营永安堂，成为华侨巨富。“九一八”事变后，他首捐两万银元和大量药品，支援抗日将士。抗战全面爆发后，他倡导“国家兴亡，人各有责”“有钱者出钱，有力者出力”，率先认购救国公债300万元，捐助大批药品、财物，支援祖国抗日。

1.胡文虎（中站立者）在香港扫杆埔球场赠送大米给贫苦老人

2.胡文虎像

3.胡文虎夫妇

1. 罗丹书法作品集
2. 罗丹晚年照
3. 罗丹笔下的汀州山水

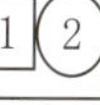

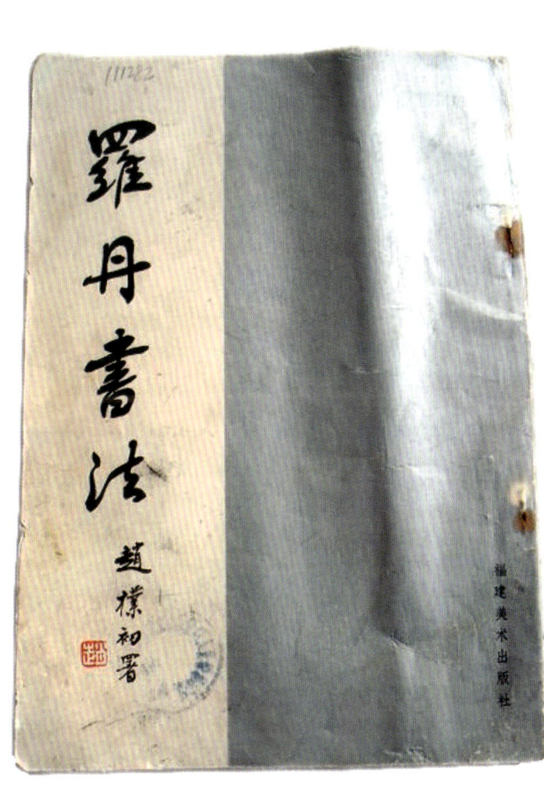

罗丹（1904—1983年），汀州连城人，1930年迁居厦门，1934年曾到新加坡鬻书。生前为中国书法家协会第一届理事、厦门市书法家协会名誉主席，作品入选过“第一届全国书法篆刻展”“中国书法艺术交流展”等重大展事。出版有《大书家罗丹先生选临碑帖》《泉州崇福寺妙月和尚舍利塔铭》《罗丹楷书千字文》《罗丹书法》《罗丹书法艺术》等书法集及诗集《雅华诗稿》。

1. 胡一川像
2. 胡一川与徐悲鸿合影
3. 胡一川笔下的汀江源龙门

胡一川（1910—2000年），原名胡以撰，汀州永定人。著名版画家、油画家、美术教育家。1925年从印尼回国入厦门集美学校，从张书旗学画，1929年入杭州国立艺专，师从潘天寿学国画，从法国教授克罗多学素描、油画，从吴大羽学水彩。参加改组后的杭州“一八艺社”。1930年夏，响应鲁迅倡导的新兴木刻运动，开始木刻创作，参加左翼“美联”。新中国成立，与徐悲鸿组建中央美术学院，任党组书记、教授。创建广州美术学院，任院长。

黄永玉，1924年出生，中央美术学院教授、版画系主任，著名画家，与沈从文并称为“湖南凤凰的两张名片”。1937年，黄永玉进入集美学校就读；1944年，黄永玉流浪到汀州地区，在江西赣州加入教育部戏剧教育二队。

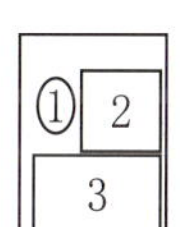

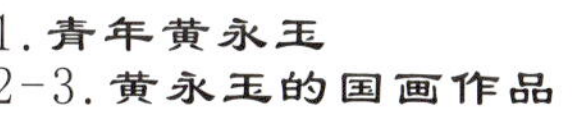

1.青年黄永玉
2-3.黄永玉的国画作品

第三部分

紅色搖籃

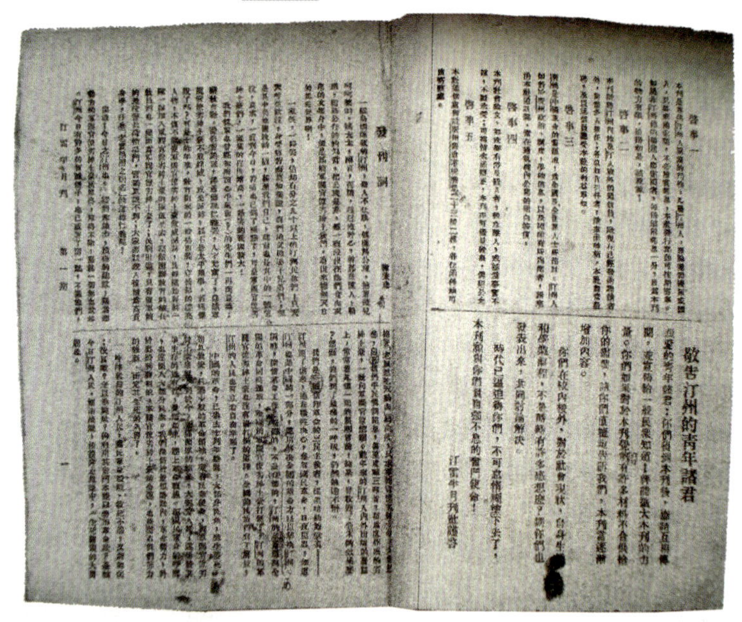

1925年冬，汀州在广州求学并加入中国共产党的谢秉琼，与进步青年胡轶环、吴炳若、童庆鸣等人在广州筹建“汀雷社”，他们于1926年3月出版革命刊物《汀雷》。

1927年春，第一家红色出版发行机构——闽西列宁书局在长汀创办。

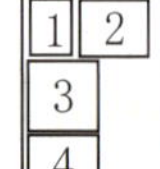

1.《汀雷》封面
2.《汀雷》创刊号发刊词
3.列宁书局旧址
4.列宁书局发行的股票

1927年9月4—6日，八一南昌起义军陆续抵达长汀。担任前敌委员会政治部主任的郭沫若一住下就组织宣传员上街宣传起义部队的方针政策，张贴布告标语。7日上午8时，郭沫若、恽代英、许苏魄等在汀州师范学校召开政治报告会，郭沫若一开头就和蔼可亲地说："老乡们！三百年前我也是汀州人，这次回乡来就和大家谈谈心，讲讲形势。"幽默的一句话，牵动了广大汀州青年对起义军的亲切情感。进步青年段奋夫轻声问："怎么，你三百年前也是汀州人?"郭沫若告诉大家："我的祖籍是汀州宁化石壁村，十代前还是住在宁化，是不是三百年前汀州人？"

1.郭沫若（右）与邓演达（中）、苏联顾问铁罗尼（左）在行军途中

2.1927年郭沫若（前左二）向汀州进发前，与李富春（前右一）、朱克靖（前右二）、林伯渠（后左三）合影

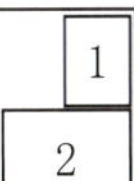

1928年，邓子恢、张鼎丞等以汀州永定县的溪南区、上杭县的蛟洋区等地为重点，领导群众举行武装暴动，攻打永定和龙岩县城，就地开展游击战争，进行土地革命，建立苏维埃政权。1929—1933年，永定、上杭等县的赤卫团、赤卫队先后成为主力红军。1934年，红军主力撤出中央革命根据地进行长征，邓子恢同志留在南方坚持游击战争。

1. 1935年2月脱险回到长汀四都的邓子恢
2. 张鼎丞像

1929年3月，红四军在毛泽东、朱德、陈毅率领下，首次由赣入闽。14日，在长汀县长岭寨歼灭守敌省防军郭凤鸣部2000多人，击毙旅长郭凤鸣，占领长汀县城。毛泽东、朱德和红四军在这座千年古城进行了17天的革命活动，为中国革命和苏维埃运动奠定了坚实的基础。美国女记者史沫特莱在《伟大的道路》一书中这样赞叹长汀:“长汀果真是中国革命历史的一个转折点。”1937年，朱德总司令在延安接受美国记者史沫特莱采访时曾这样感慨：“长汀的意外战果，是中国革命的一个重要转折点。”

1. 当年的长岭寨
2. 红军标语

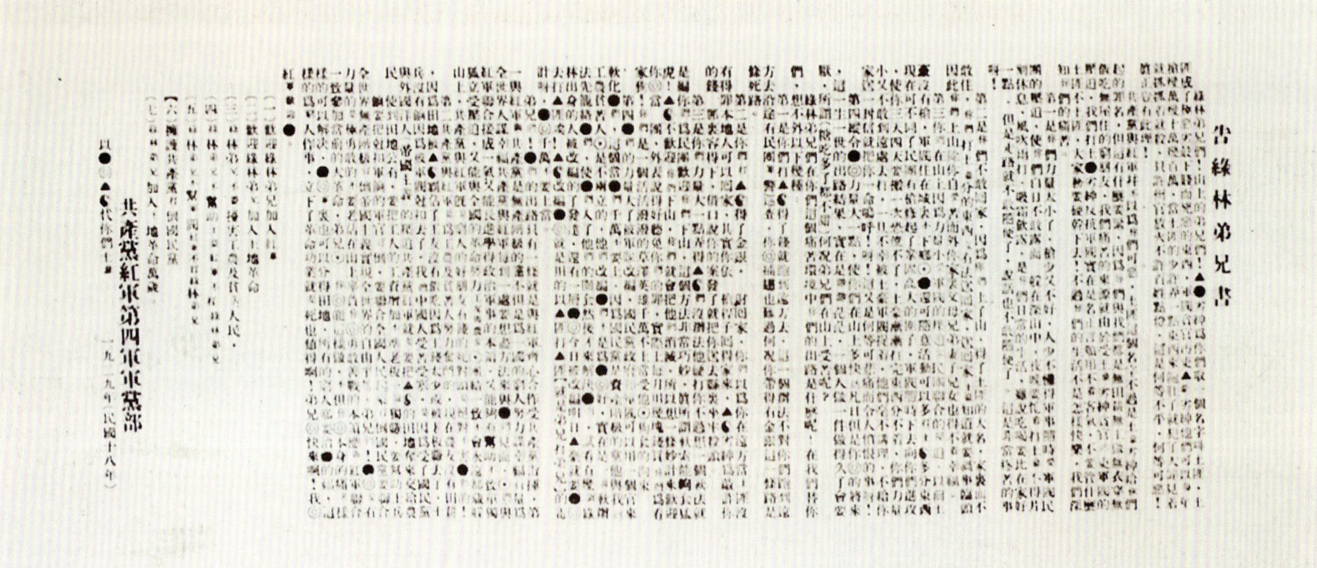

告綠林弟兄書

共產黨紅軍第四軍軍黨部

一九二九年（民國十八年）

告商人及知識分子

做生意的同胞們！讀書的同胞們！

㈠共產黨所指導的紅軍到你們這裏來了，共產黨會怎樣對待你們呢？你們要怎樣對待共產黨呢？

㈡共產黨在現時領導的革命，叫做民權革命，是要打倒三个反革命東西。第一个，打倒帝國主義。不許洋人在中國逞兇，中國歸中國人管，不許洋人支配中國。第二个，打倒地主階級，廢止收租制度，田地平分與農民。第三个，打倒國民黨政府，建立工農兵政府。這就是共產黨在現時領導群眾的三个大任務。

㈢提出這三件任務，你們不要驚慌了。豈但不要驚慌，應該十分歡喜。做到這三件事，是工農階級的希望，也是於你們有大益的。你們明白你們的地位麼？你們是半殖民地的小資產階級。帝國主義壓迫中國，洋貨不斷的進口，中國工商業不能發展，你們想，打倒了帝國主義於你們的益處幾大？！封建的地主階級集中了多數田地在他們手裏，重租重息，農民枯困到十分，鄉下人無錢到城市買貨，城市工商業因此凋敝不能發展。打倒了地主階級，取消了收租制度，農民得了完全的收穫，向城市買貨的力量大大增加，你們想，城市的生意不會大大發達麼？國民黨及其政府，是帝國主義的走狗，地主階級的代表，國民黨及其政府打倒了，帝國主義失了走狗，地主階級失了代表，工農兵政府掌握了政權，民權革命（打倒帝國主義打倒地主階級的革命）就算有成功的希望了，你們不覺得這於你們是有益處的麼？

㈣共產黨對城市的政策是：取消苛捐雜稅，保護商人貿易。在革命時候對工商人的財物酌量籌款供給軍需，但不准派到小商人身上。城市反動分子（軍閥的走狗，貪官污吏，國民黨指導委員，工賊，農賊，學賊）的財物要沒收。至於鄉村收租放息為富不仁的土豪劣紳在城市住家的，他們的財物也要沒收。但普通商人及一般小資產階級的財物，一概不沒收。但普通商人及一般小資產階級應該贊助工農革命，服從工農階級的指導，齊心一致向打倒帝國主義打倒地主階級打倒國民黨政府三大任務上努力。不要三心二意，表面服從，心懷敵意。須知共產黨領導的民權革命是一定要成功的，而且很快要成功的。此時一不服從，就走入反革命一路，將來決無立足之地。

㈤知識分子的出路，也只有參加工農革命。知識分子若肯參加革命，工農階級均可收容他們，依照他們才幹的大小，分派他們相當的工作。紅軍政治部正須招致大批政治工作人員，凡能願勇敢奮鬥的革命的學生們教員們，均可加入紅軍來作政治工作。

㈥蔣桂戰爭已在兩湖爆發，全國新軍閥大戰，業已發動了。欺騙民眾的國民黨已完全破產，三民主義完全是欺騙，全國統一完全是空話。美國走狗的蔣派，英國走狗的桂派，日本走狗的奉派混戰，只是為着私利引起戰爭。國民黨國民政府及各派新軍閥之倒台就在眼前，工農階級的革命政權不久就要代替反革命政權而出現於全國。商人們，學生們，一切被壓迫的小資產階級，速起幫助工農階級參加此歷史的革命爭鬥吧！

商人起來幫助工農階級！

學生起來幫助工農階級！

商人要使商業發展只有贊助土地革命增加農民的生產力和購買力！

商人要使商業發展只有打倒帝國主義驅逐洋貨的來源！

商人要使商業發展只有推翻國民黨政府擁護工農兵政府！

商人只要贊助革命共產黨就不沒收他們的財產，並保護他們營業自由。

革命的知識分子加入工農隊伍來！

革命的知識分子加入紅軍政治部！

民權革命萬歲！

全民被壓迫階級解放萬歲！

共產黨紅軍第四軍軍黨部

公曆一千九百二十九年（即民國十八年）

1
2
3

1. 南寨广场
2. 红军在长汀印发的《告绿林弟兄书》
3. 红军在长汀印发的《告商人及知识分子》

1929年3月15日，在长汀县城南寨广场召开万人群众大会，庆祝解放长汀县。毛泽东和朱德在会上讲话。

红四军司令部、政治部设在长汀县城水东街的“辛耕别墅”。毛泽东、朱德都曾住在这里。1929年3月20日，红四军前委在这里召开扩大会议，确定了在赣南、闽西开展游击战争，建立红色政权的战略方针和红四军在长汀的工作任务。

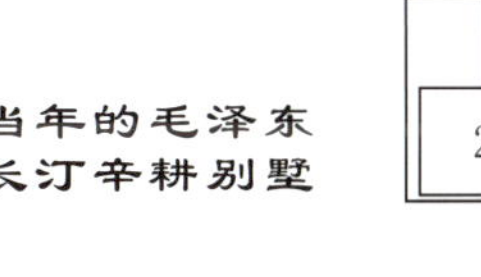

1. 当年的毛泽东
2. 长汀辛耕别墅

1. 当年的朱德
2. 长汀云骧阁

1929年3月中旬，毛泽东、朱德在长汀云骧阁召开工会、农会和各行各业代表大会，宣告闽西第一个县级红色政权——长汀县革命委员会成立。

陈毅指挥红四军在长汀新桥、河田等地分兵发动群众。

1. 陈毅在长汀分兵发动群众的地点——新桥
2. 当年的陈毅

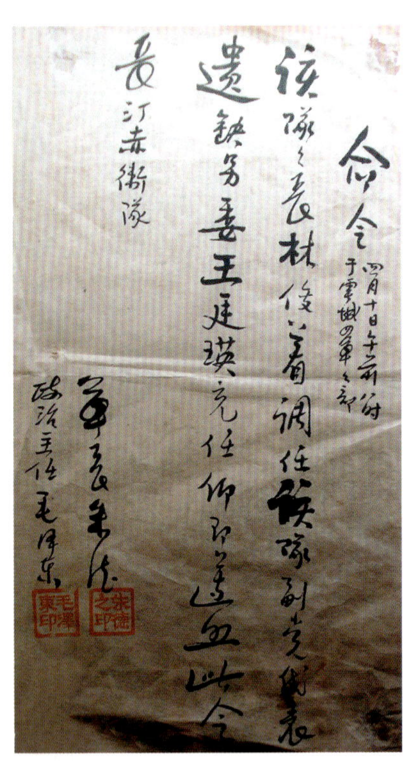

命令　四月十日午前六时于云城四军司令部

该队队长林俊以着调任该队副党代表遗缺另委王廷瑛充任仰即遵照此令

长汀赤卫队

军长朱德

政治主任毛泽东

1929年3月，由毛泽东签署命令组建长汀县第一支县级工农武装——长汀赤卫队。

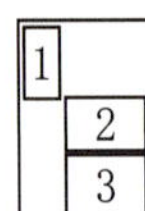

1. 红四军党代表毛泽东、军长朱德给长汀赤卫队的命令
2. 行进中的赤卫队
3. 训练中的赤卫队

“红旗跃过汀江，直下龙岩上杭”，1929年5月，红四军再次入闽。20日，红军由长汀水口横渡汀江，直插闽西腹地。

1、长汀水口
2、1929年6月，毛泽东、朱德率领红四军第二次挥师入闽三克龙岩城后的合影，右起为陈毅、毛泽东、谭政、朱良才

1
2

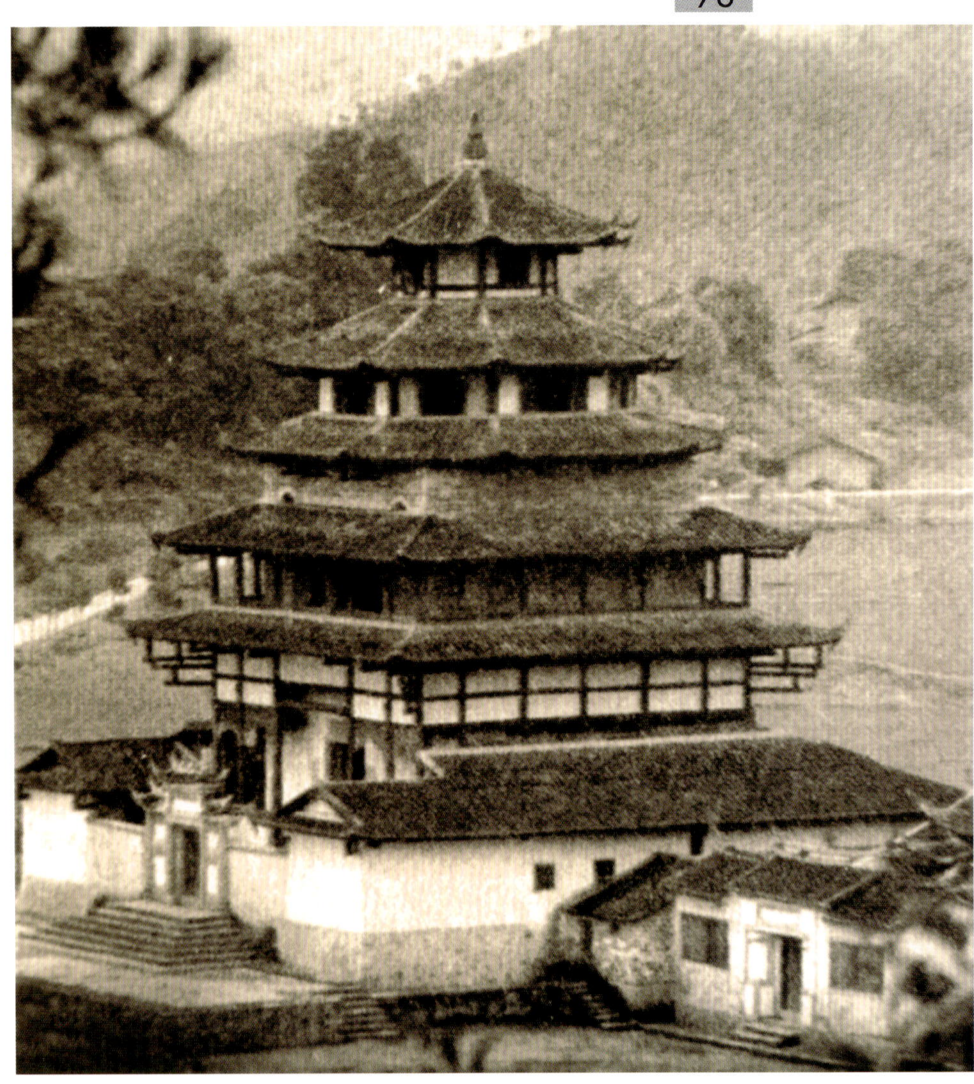

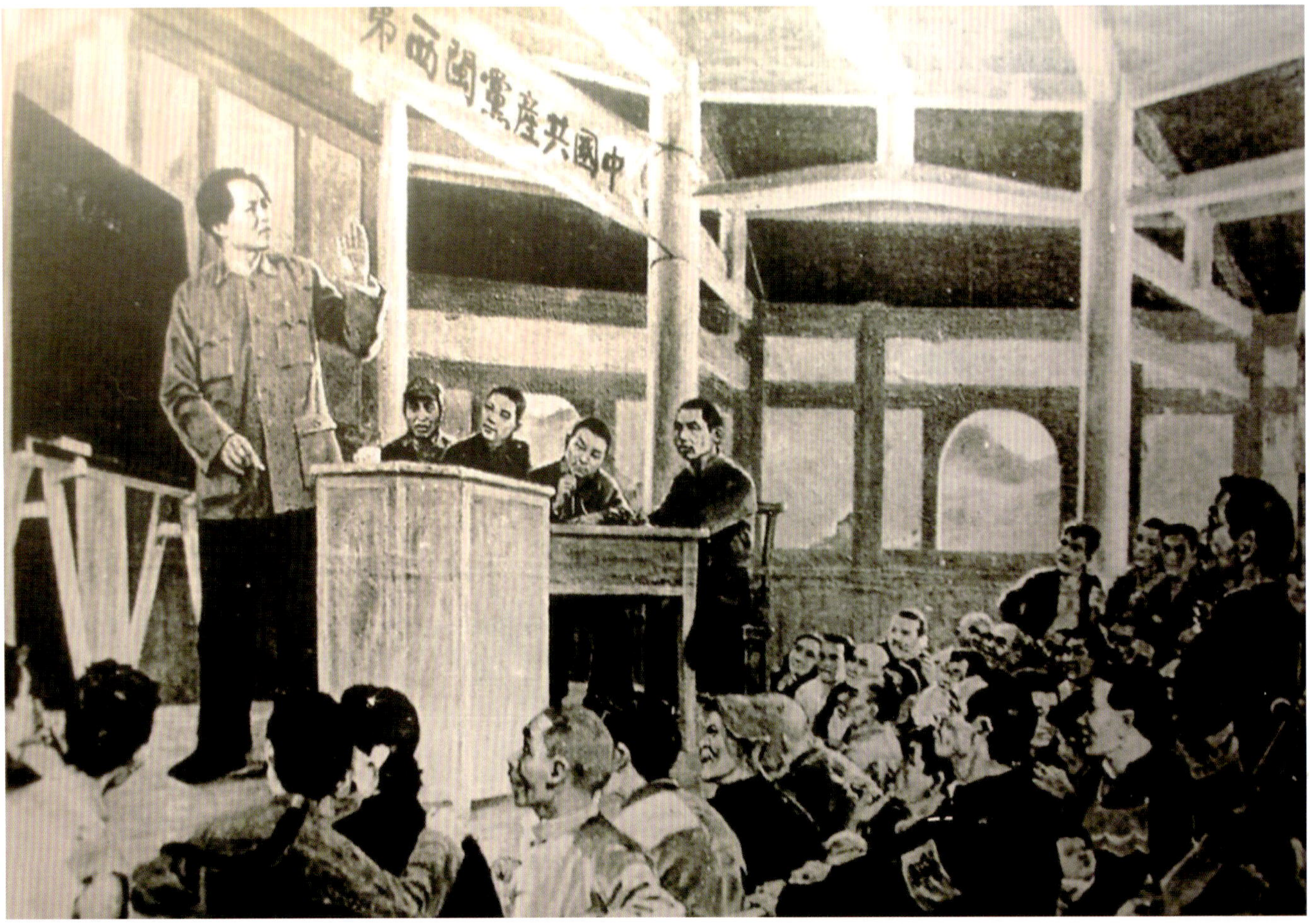

1

2

1. 蛟洋文昌阁
2. 会议情景绘画

1929年7月20—29日，在毛泽东的指导下，中共闽西第一次代表大会于汀州上杭蛟洋文昌阁召开。

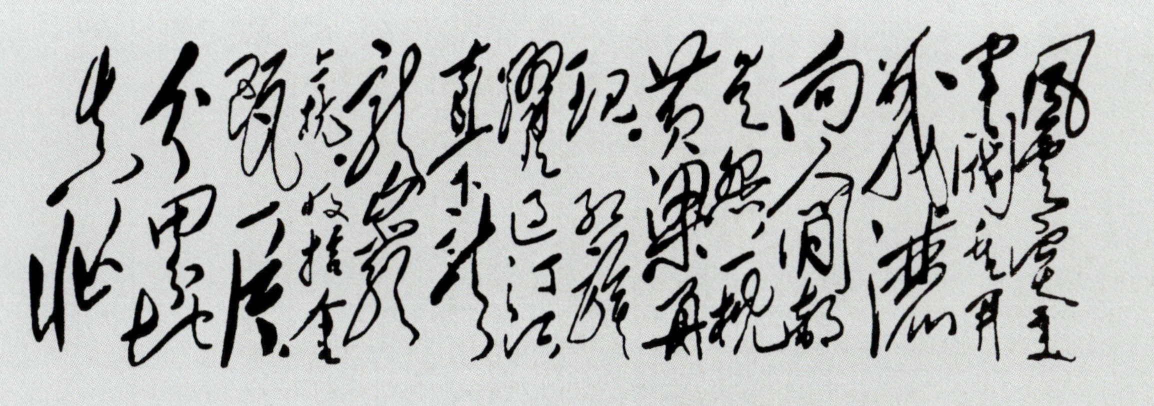

1929年秋，毛泽东创作诗词《清平乐·蒋桂战争》：“风云突变，军阀重开战。洒向人间都是怨，一枕黄粱再现。红旗越过汀江，直下龙岩上杭。收拾金瓯一片,分田分地真忙。”

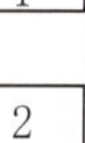

1.毛泽东手书《清平乐·蒋桂战争》
2.再现当年革命情景的绘画《分田分地真忙》

1.汀州上杭临江楼

2.毛泽东手书《采桑子·重阳》

1929年10月，毛泽东来到上杭县城，在临江楼写下《采桑子·重阳》：“人生易老天难老。岁岁重阳，今又重阳，战地黄花分外香。一年一度秋风劲。不似春光，胜似春光，寥廓江天万里霜。”

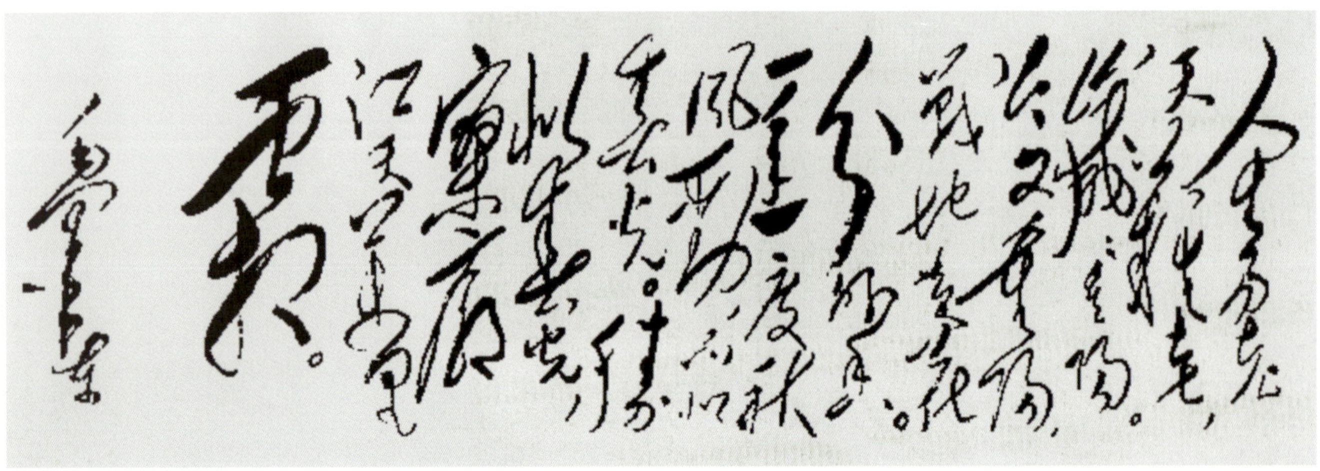

大軍笑敵圍。關山渡若飛。今朝何處去。昨夢猶未歸。閩贛路千重。春花笑吐紅。敗軍氣猶壯。一鼓下汀龍。

一九二九年春作

陈毅手迹《反攻连下长汀龙岩》：“大军笑敌围，关山渡若飞。今朝何处去，昨梦犹未归。闽赣路千重，春花笑吐红。败军气犹壮，一鼓下汀龙。”

1. 陈毅手书《反攻连下长汀龙岩》
2. 温仰春（左）与陈毅在长汀合影

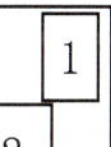

1929年3月，中央军事委员会临时被服厂在长汀成立，主要生产红军被服、军衣、军帽、绑腿。被服厂是在缴获的国民党福建第二混成旅被服厂的基础上建立起来的。

1930年夏，中华织布厂在长汀新丰街成立。全厂职工60余人，织布机40多架，主要纺织军用布匹、纱布，支援前线。

1. 长汀红军被服厂旧址
2. 穿上新军装、戴上新军帽的红军战士

1929年12月28—29日，红四军第九次党的代表大会古田会议在汀州上杭县古田村召开。该会议解决了把一支以农民为主要成分的军队建设成为中共领导下的新型人民军队的问题，它所确定的着重从思想上建党和从政治上建军的原则，为后来的农村包围城市、武装夺取政权道路思想的形成、发展和成功实践奠定了基础，古田会议因此成为中共和人民军队建设史上的里程碑。

1. 会址廖氏宗祠
2. 古田会议情景油画

1. 政治部部分政工干部在长汀合影（前排右起第五人为罗荣桓）
2. 油画《才溪乡调查会》

1930年6月，中央在长汀成立红一军团，总指挥朱德，总政委毛泽东，参谋长朱云卿，政治部主任杨岳彬。毛泽东为了解决建设农村革命根据地的问题，在此后的三年间三到汀州上杭才溪调查研究，撰写了著名的《才溪乡调查》。

1. 1930年6月，蒋介石在向出发“剿共”的部队讲话
2. 1930年12月，蒋介石指挥第一次“围剿”红军

1930年年底，闽西工农银行创立。

1. 长汀城内的闽西工农银行旧址
2. 闽西工农银行印模
3. 闽西工农银行行长阮山

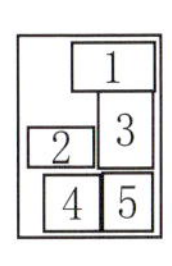

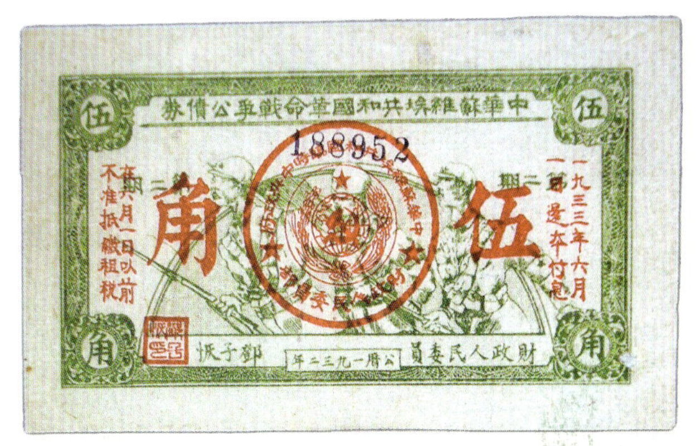

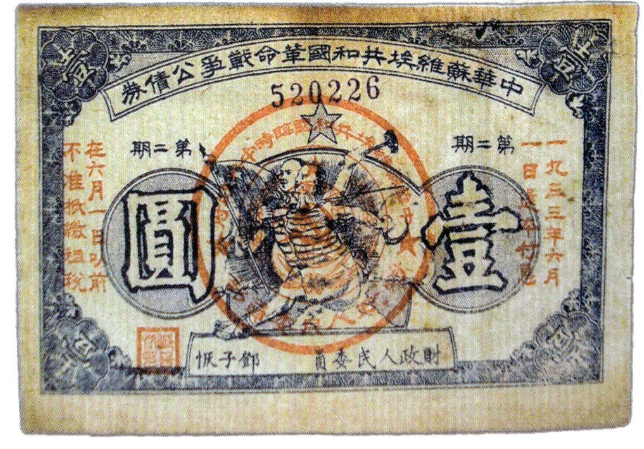

1. 中华苏维埃共和国国家银行发行的纸币
2. 闽浙赣省苏维埃银行铜元币
3. 革命战争公债券
4. 经济建设公债券
5. 苏区发行的借谷票

这些在汀州印制的票据，凸显了汀州在中央苏区的经济中心地位。

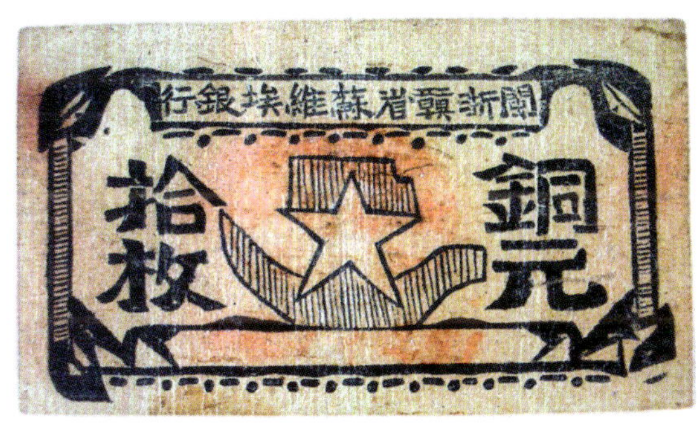

1-2. **长汀信用合作社两处旧址**
3. **汀州市调剂粮食合作社发行的股票**
4. **中华苏维埃共和国粮食调剂局汀州分局广告**

作为中央苏区的经济中心，汀州部门齐全、功能完备。闽西工农银行专门拨资金支持信用合作社的发展，使信用合作社成为银行的得力助手。

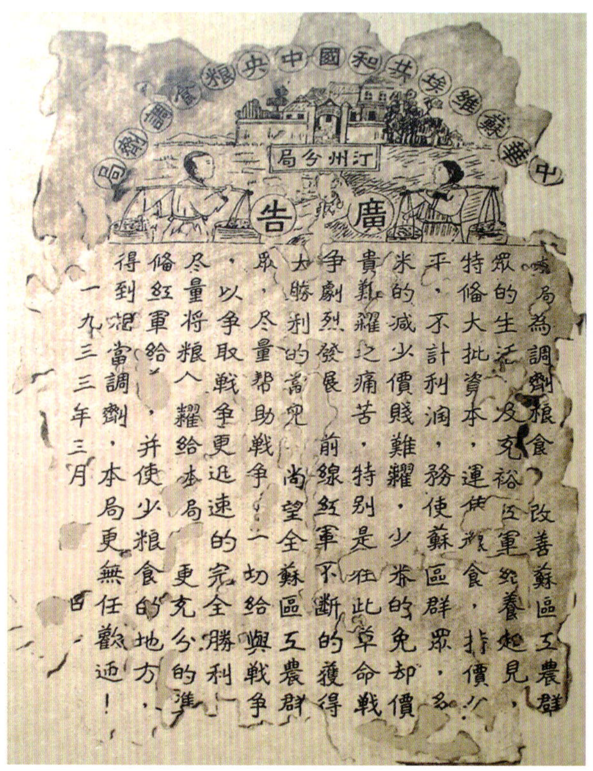

1931年1月21日，中共闽粤赣苏区特委机关报《红旗》在汀州永定虎岗创刊。

1. 虎岗报社旧址
2. 《红旗》报主编王观澜及其编辑

1931年2月，第二次反“围剿”中毛泽东和他的警卫员

长汀当年有“红色小上海”之称，是中央苏区的商业重镇。

1.长汀县水东街一角
2.1931年秋，长汀军民庆祝第三次反“围剿”胜利

1
2

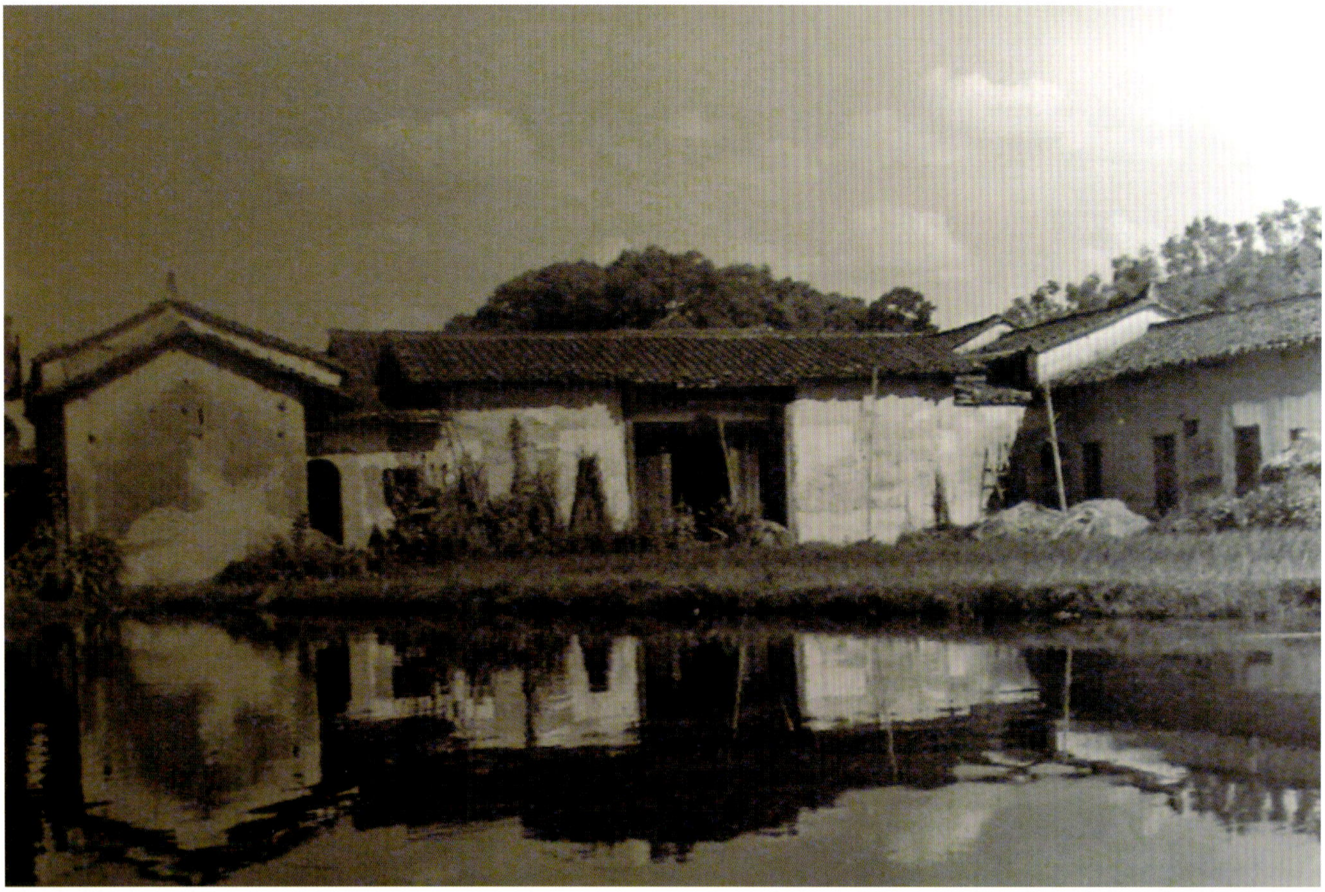

1

2.3.4

1. 福建军区旧址
2. 当时的罗炳辉
3. 当时的谭震林
4. 当时的叶剑英

1932年2月，闽西军区在长汀成立，后改为福建军区。司令员罗炳辉（1933年10月由叶剑英继任），政治委员谭震林，政治部主任谭政。

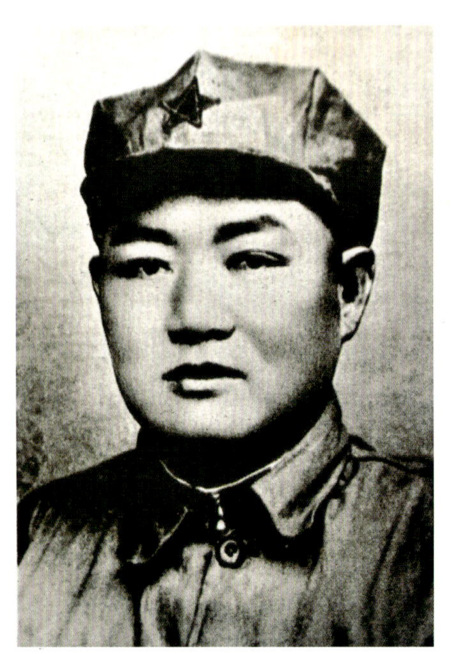

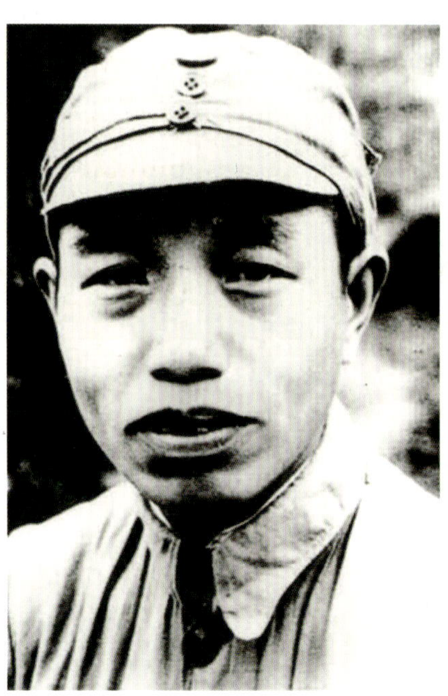

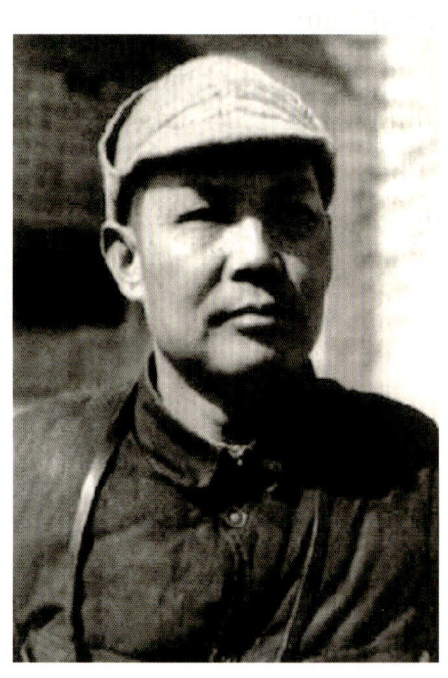

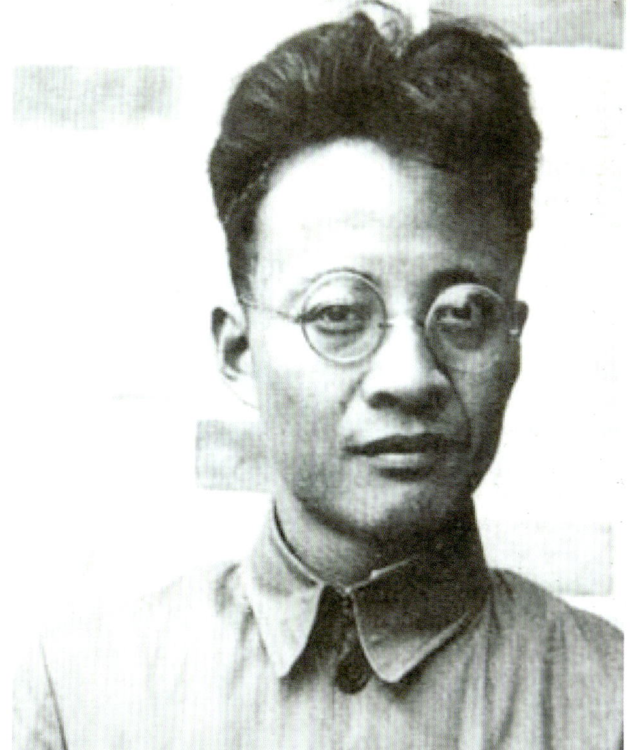

1. 罗明在汀州
2. 中共闽粤赣苏区第二次代表大会全体代表合影

1932年3月，中共闽粤赣苏区第二次代表大会在长汀召开。苏区中央局派任弼时莅临指导。大会选举产生闽粤赣省委：书记罗明，组织部长刘晓，宣传部长李明光，委员罗明、刘晓、李明光、张鼎丞、郭滴人、谭震林、肖向荣、方方、范乐春、李坚贞等。接着召开了共青团福建省代表大会，成立共青团福建省委，书记陈荣。

1. 正在装订书刊的苏区印刷工人
2. 《红色战线》
3. 《战斗报》

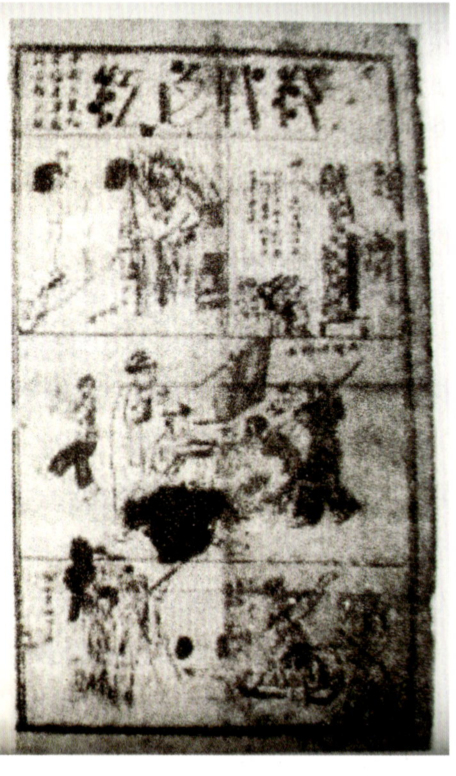

1932年3月，中国工农红军福建省军区政治部在长汀创办报刊《红色战线》；1934年7月，中共福建省委在长汀创办《战斗报》。

1. 会议地点长汀中华基督教堂
2. 攻克漳州后在石码合影
3. 红军战士与缴获的飞机合影

1932年4月2日，毛泽东率领中央红军一、五军团组成的东路军，在东征途经长汀时与中共闽粤赣省委联席召开研究攻打漳州的军事会议。周恩来、林彪、聂荣臻、罗荣桓、罗瑞卿，闽粤赣省委、福建省工农民主政府负责人罗明、刘晓、李明光、谭震林等出席这次军事会议。

1932年，中央苏区在长汀县设立樟脑厂，以熬樟脑、樟油、硝盐供应军需民用。同年，中央苏区在长汀县水口区成立造船厂，有职工100多人。

1. 樟脑厂旧址
2. 造船厂旧址

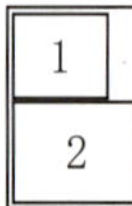

1932年5月，毛泽东夫人贺子珍在长汀福音医院分娩，接生医生是傅连暲，生下一个儿子，乳名小毛。

1934年9月，毛泽东身患恶性疟疾，连续三天40度高烧不退。傅连暲让他恢复了健康。为此，毛泽东称傅连暲是“红色华佗”。

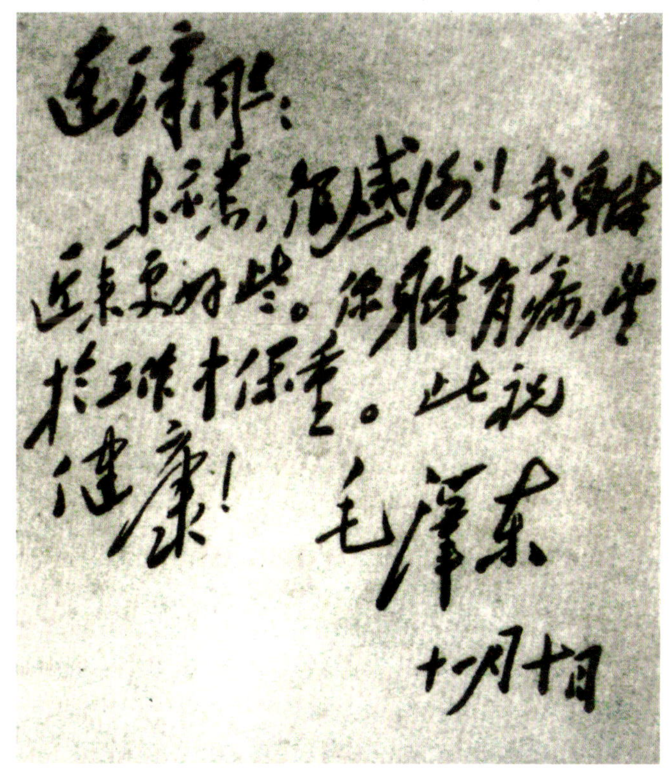

连暲兄：

来示悉，很感谢！我身体近来更好些。你身体有病，望於工作中保重。此祝

健康！

毛泽东

十月十日

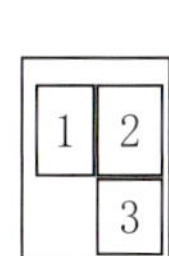

1. 当时的毛泽东
2. 当时的贺子珍
3. 1947年毛泽东写给傅连暲的信

1932年5月15日，朱德（第二排右起第四）与红军总政治部第一期团政委训练队全体同志于长汀合影

1932年，中央苏区在福建成立少年儿童局，书记陈丕显。同年5月30日，福建省少先队代表在长汀县列宁公园举行纪念“五卅”武装总检阅大会。

1. 总检阅开幕日全体武装少先队员合影
2. 1932年9月4日，在长汀举行“国际青年节苏区共产儿童团大检阅”

1

2

1. 中央苏区少先队赴漳州参观团出发前在长汀县列宁公园合影
2. 中央苏区少先队在演出

1. 福音医院休养所
2. 长汀福音医院
3. 徐特立
4. 任弼时
5. 罗荣桓
6. 陈赓
7. 陆定一
8. 伍修权

长汀福音医院，院长傅连璋。徐特立、任弼时、罗荣桓、陈赓、陆定一、伍修权等同志均在此院治疗过。

1932年9月，毛泽东在该院休养所休养期间，进行社会调查，起草了《关心群众生活，注意工作方法》一文。这是中国共产党以军事斗争为主的环境中第一篇关于行政工作的论述，是执政为民的奠基石，也是毛泽东思想的重要组成部分。

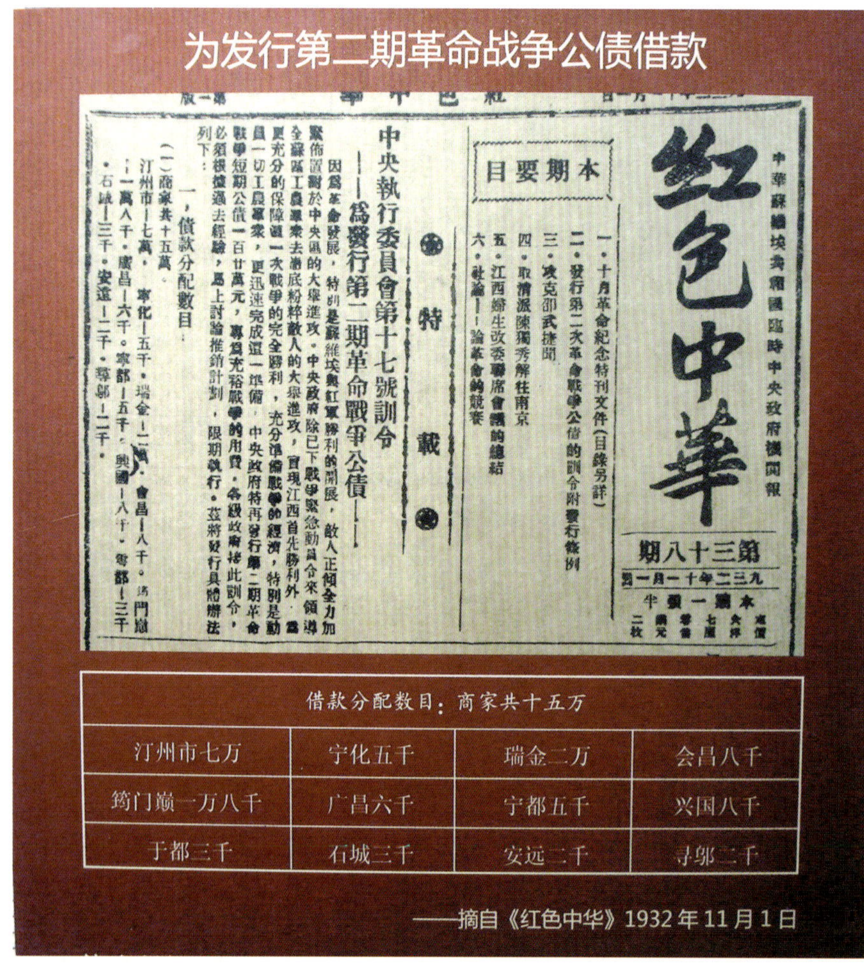

为发行第二期革命战争公债借款

中華蘇維埃共和國臨時中央政府機關報

紅色中華

第三十八期

一九三二年十一月一日

本期要目

一、十月革命紀念特刊文件（目錄另詳）

二、發行第二次革命戰爭公債的訓令附發行條例

三、攻克邵武捷聞

四、取消派陳獨秀解往南京

五、江西婦生改委聯席會議的總結

六、社論——論革命的競賽

特載

中央執行委員會第十七號訓令

——為發行第二期革命戰爭公債——

因為革命發展，特別是蘇維埃與紅軍勝利的開展，敵人正傾全力加緊佈置對於中央區的大舉進攻。中央政府除已下戰爭緊急動員令來領導全蘇區工農群眾去徹底粉碎敵人的大舉進攻，實現江西首先勝利外，為更充分的保障這一次戰爭的完全勝利，充分準備戰爭的經濟，特別是動員一切工農群眾，更迅速完成這一準備，中央政府特再發行第二期革命戰爭短期公債一百廿萬元，專為充裕戰爭的用費，各級政府接此訓令，必須根據過去經驗，馬上討論推銷計劃，限期執行。茲將發行具體辦法列下：

一，債款分配數目：

（一）商家共十五萬。

汀州市——七萬，寧化——五千，瑞金——二萬，會昌——八千，篛門嶺——一萬八千，廣昌——六千，寧都——五千，興國——八千，雩都——三千，石城——三千，安遠——二千，尋鄔——二千。

借款分配数目：商家共十五万			
汀州市七万	宁化五千	瑞金二万	会昌八千
[illegible]门岭一万八千	广昌六千	宁都五千	兴国八千
于都三千	石城三千	安远二千	寻邬二千

——摘自《红色中华》1932年11月1日

1.《红色中华》的报道

2.兆征县借谷票

中央执行委员会第十七号训令，为发行第二期革命战争公债借款。

为纪念省港大罢工主要领导人苏兆征，1933年9月，根据中央划小行政区的指示，划出长汀管辖的城郊、策田、德联、古城、东陂岗等5个区成立兆征县，隶属汀州市。兆征县设立后，红色政权采取征发、借谷、节粮等办法广征粮食，购买公债，筹集粮食支援红军，在组织农业生产、手工业生产，粉碎国民党对苏区的经济封锁等方面，取得较大的成绩。1934年10月，主力红军长征后，兆征县自然取消。

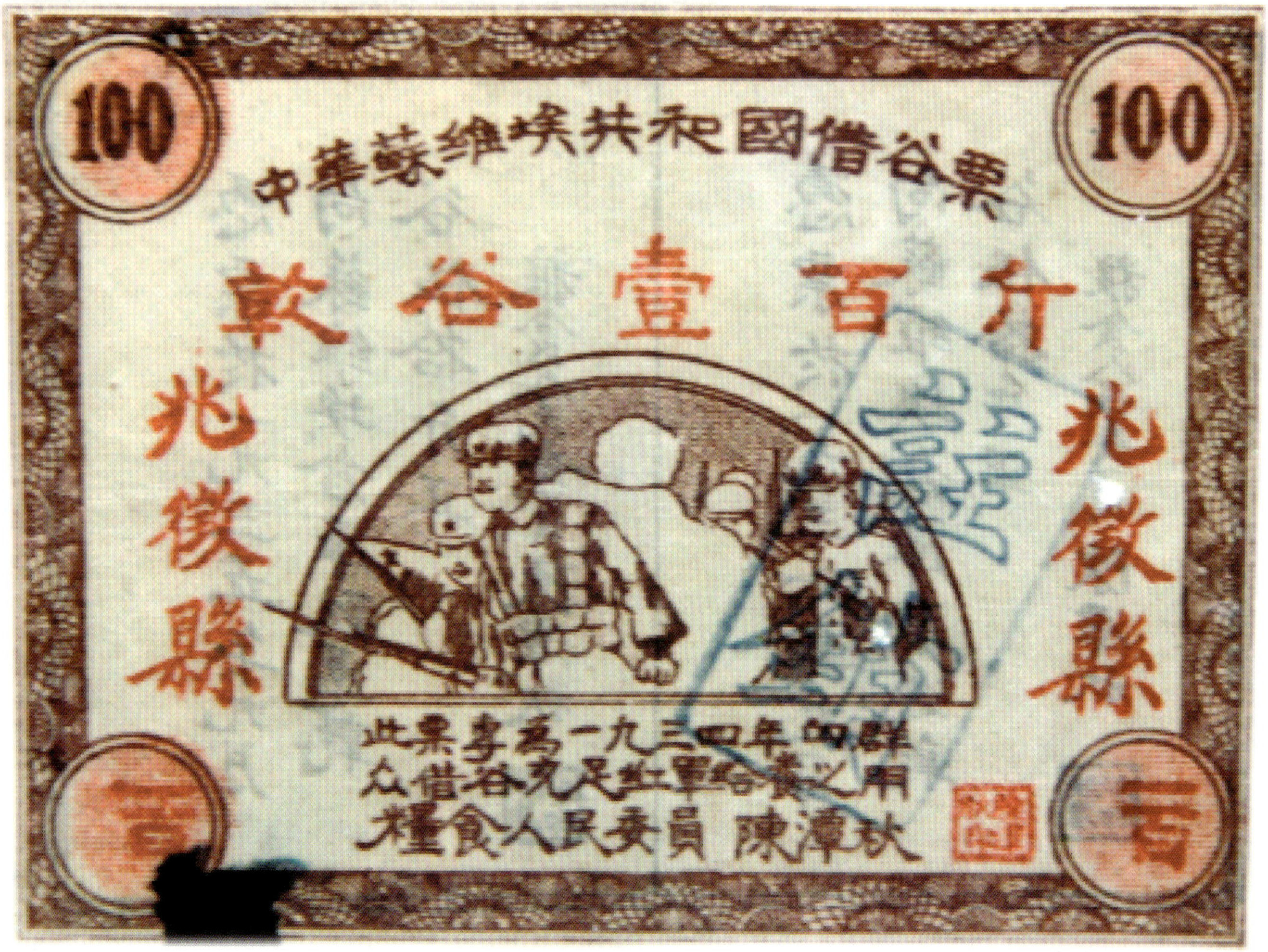

1. 设立在长汀四都的省军区后方医院一分院旧址
2. 院长罗化成

在反“围剿”战争中，福建军区后方医院总院设在长汀县濯田，在长汀县四都和宁化等地设立分院，总院长为罗化成。

1-3. 国民党军“围剿”中央苏区时筑的碉堡

第一次“围剿”红军的国民党军队，第五次“围剿”红军的国民党中央军，从图片的对比中可知，国民党军队的装备有了明显的改变。

1.向汀州进发的国民党军队
2.进入汀州城的国民党军队

1. 在汀州反“围剿”的工农红军
2. 反“围剿”战斗中，在汀州坚守阵地的红军战士

1933年9月25日，为反对国民党军第五次“围剿”，中国工农红军第一方面军在江西南部、福建西部发起若干战役。在不到一个月的时间内，蒋介石调集约100万兵力，采取“堡垒主义”新战略，对中央革命根据地进行大规模“围剿”。

1. 中央军空军轰炸汀州
2. 装备精良的中央军在汀州“围剿”红军

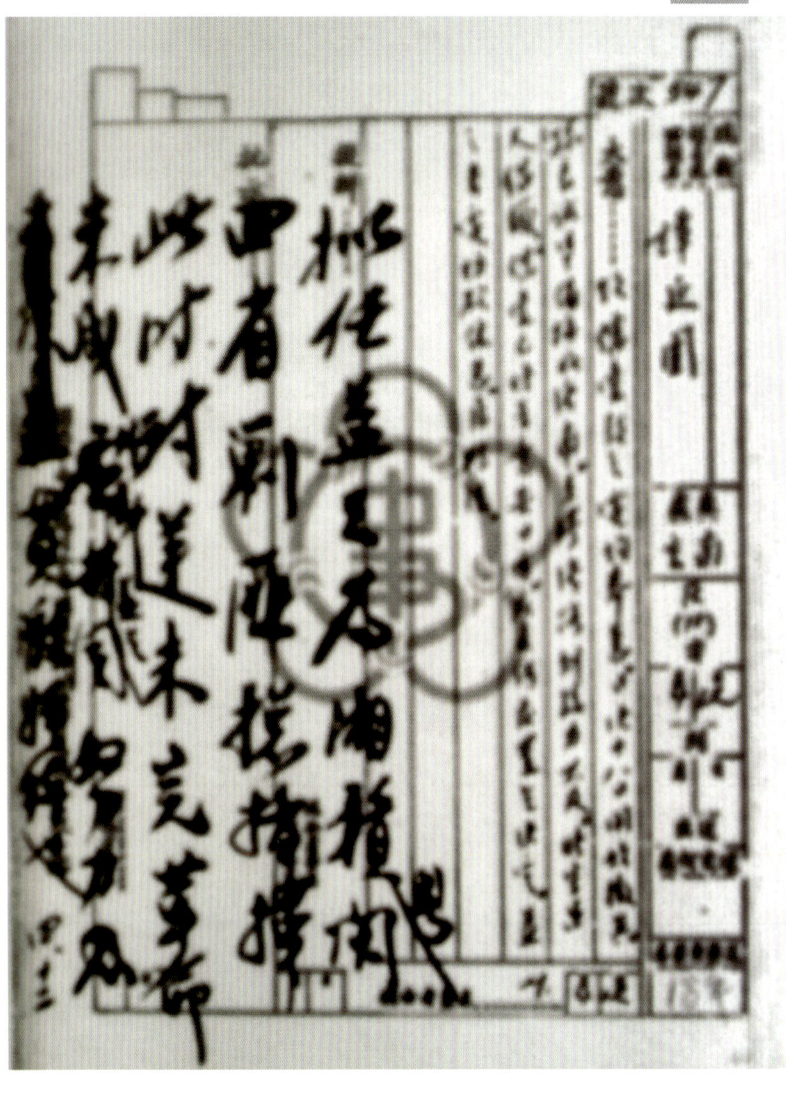

1. 蒋介石批示的进攻红军电文
2. 蒋介石在西路军总司令何键的陪同下，视察赣粤湘闽鄂五省“围剿”联军

在苏区的工人运动中，刘少奇极为重视蓬勃发展的苏区工业，多次深入汀州市视察各基层工会，布置工作和进行社会调查。1934年7月，刘少奇奉命出任中共福建省委书记，直接领导福建人民的革命斗争近四个月。为了解决问题，促进生产发展，刘少奇亲自蹲点兆征县，显示了他坚持调查研究，一切从实际出发的工作态度和领导才能。

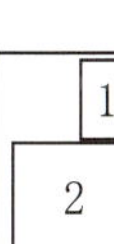

1.当年的刘少奇
2.刘少奇旧居

1934年10月21日，中央苏区即将陷落，中央红军主力被迫战略转移。

1. 长征前的中央红军
2. 离开汀州时的中央红军

长汀是中央红军长征出发地之一，长汀县南山镇钟屋村是红军长征第一村。

1. 长汀县城远景
2. 红军长征出发前召开群众大会的观寿公祠
3. 红军长往出发地——长汀钟屋村

1
2
3

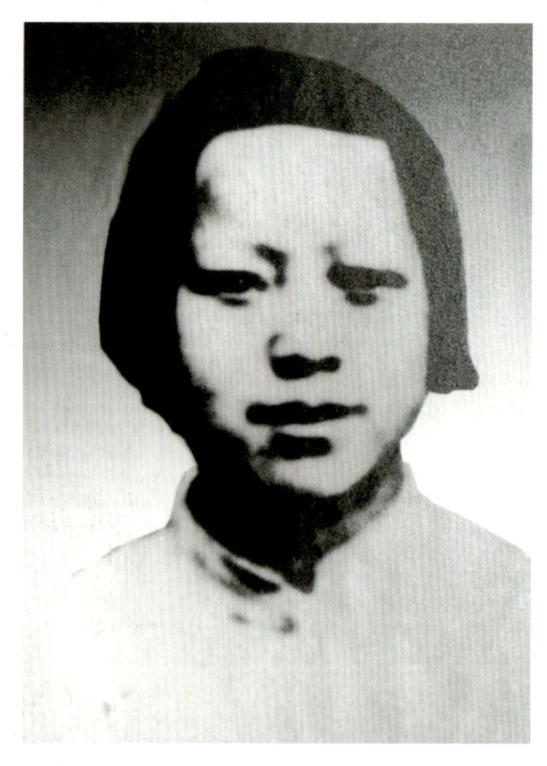

红一方面军参加长征的有三十名女红军，其中汀州籍女红军三名，她们是邓六金、吴富莲、谢小梅。

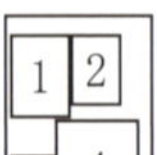

1. 邓六金
2. 吴富莲
3. 谢小梅
4. 红军女战士

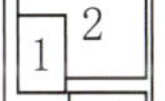

1. 何叔衡
2. 何叔衡与追捕他的敌人搏斗的绘画
3. 汀州水口梅迳村

何叔衡（1876—1935年），无产阶级革命家，新民学会骨干会员，长沙共产主义小组成员。1930年回国，任共产国际救济总会和全国互济会主要负责人。次年秋赴中央苏区，历任中华苏维埃共和国中央执行委员、工农检查人民委员、内务部代理部长和中央政府临时法庭主席等职。“左”倾错误统治中央后，何叔衡被撤销全部职务。红军主力长征后，他留在根据地长汀坚持斗争。1935年2月，何叔衡被敌人追捕，为了不拖累战友，他在汀州水口梅迳村毅然跳崖，壮烈牺牲。

瞿秋白（1899—1935年），江苏省武进县（今常州市）人。中国共产党早期的领导者之一。1933年到中央根据地后，任中央工农民主政府教育人民委员。红军长征时，留在江西根据地坚持斗争。1935年2月24日，瞿秋白在由江西进入福建赴永定途中于长汀县水口梅迳村被俘。瞿秋白在狱中坚贞不屈，拒绝劝降。同年6月18日，瞿秋白从容就义于长汀。时年36岁。

1. 参加八七会议时的瞿秋白
2. 1922年共产国际第四次代表大会上的陈独秀（前排左）和瞿秋白（后排左）
3. 新婚时的瞿秋白
4. 就义前的瞿秋白

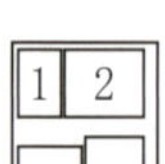

1. 瞿秋白全家照
2. 最后的瞿秋白
3. 瞿秋白主编的《前锋》创刊号
4. 《多余的话》封面

1935年5月23日，长汀狱中的瞿秋白写下《多余的话》，“这世界对于我仍然是非常美丽的。一切新的、斗争的、勇敢的都在前进。那么好的花朵、果子，那么清秀的山和水，那么雄伟的工厂和烟囱，月亮的光似乎也比从前更光明了。但是，永别了，美丽的世界”，“中国（长汀）的豆腐也是很好吃的东西，世界第一。永别了”。

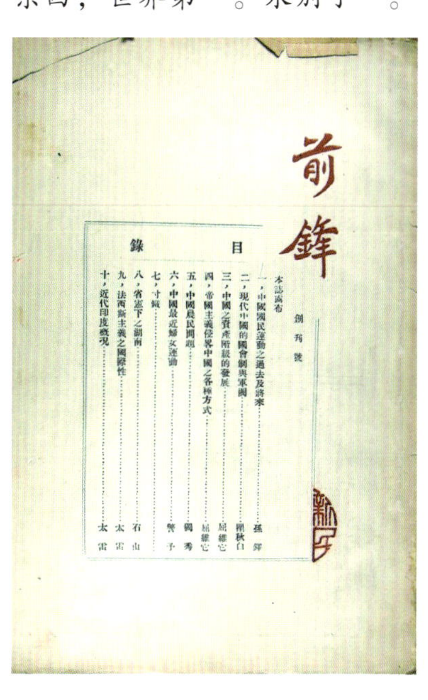

前鋒

創刊號

目錄

本誌露布

一，中國國民運動之過去及將來……孫鐸
二，現代中國的國會制與軍閥……瞿秋白
三，中國之資產階級的發展……屈維它
四，帝國主義侵略中國之各種方式……屈維它
五，中國農民問題……獨秀
六，中國最近婦女運動……警予
七，寸鐵
八，省憲下之湖南……石山
九，法西斯主義之國際性……太雷
十，近代印度概現……太雷

多余的话

瞿秋白

稀见足本

一位革命者颇受争议的临终告白

从内容文风看，是瞿秋白所写，是否被篡改过，难以断定

与其格瓦拉，不如瞿秋白

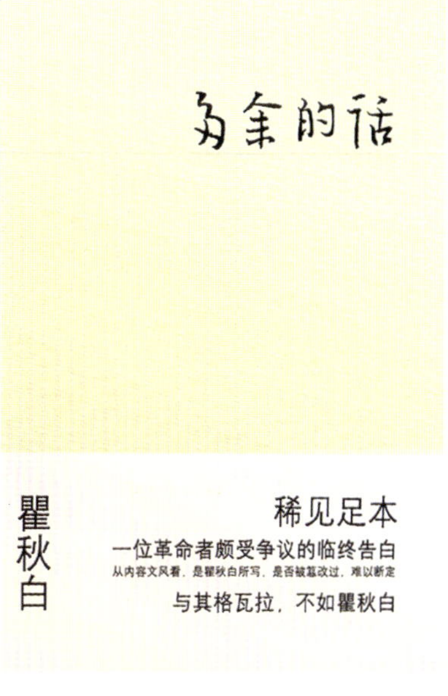

第二次国内革命战争时期，周恩来四次来到福建，其中三次都主要活动于长汀，他为创建长汀地方党组织，纠正闽西“肃社党”的错误，巩固闽西苏区和发展闽南党组织等方面付出巨大心血，倾注了满腔的深情。

1. 当年的周恩来
2. 绘画《周恩来与支前群众在一起》
3. 周恩来在长汀的旧居

傅连暲（1894—1968年），汀州长汀县河田乡伯公岭村人。1925年出任长汀福音医院院长，1933年参加红军，1938年加入中国共产党。1927年8月，南昌起义军路过长汀时将陈赓、徐特立等300多名伤病员托付福音医院治疗。1929年，红四军入闽后，傅连暲领导福音医院积极收治红军伤病员。1932年1月，傅连暲创办“中国工农红军中央看护学校”。同年秋，应毛泽东的建议，将福音医院改名为中央红色医院。1933年年初，中央红军医院迁往瑞金，成为中央红军第一个正规医院。到达延安后，历任中央总卫生处处长兼中央医院院长、中央军委总卫生部副部长。解放后，历任中央卫生部副部长、中央军委总后勤部卫生部第一副部长、中华医学会会长等职。1955年被授予中将军衔，荣获一级八一勋章、一级独立自由勋章、一级解放勋章。

1.周恩来和彭真在中华医学会与傅连暲合影
2.傅连暲中将

项与年（1894—1978年），原名项廷椿，后化名梁明德，自1936年起从事抗日民族统一战线工作。历任中国共产党西北局统战干事，中国共产党三边地委、关中地委、绥德地委常委兼统战部长。

1934年10月，蒋介石自南京飞抵庐山，召开五省军政要员军事会议，部署对中央红军的第五次“围剿”。时江西省第四保安司令部司令莫雄参加会议，带回《剿匪手册》《围剿总动员令》和《铁桶围剿计划》及兵力部署、进攻路线、日程安排、战斗序列等有关图表文件。参加完庐山会议的德安保安司令莫雄深感事关重大，迅疾派早已安插在他司令部里工作的项与年将此——情报送交中共中央。项与年立即将情报用四角号码字典的字码编成密码，记在一本四角号码字典上，连夜起程。为了安全，他敲掉四颗门牙，装扮成乞丐，历尽艰辛，终于抵达到瑞金的红军司令部，把计划交给周恩来。中央三人团据此做出突围转移的决定。10月下旬，中央苏区红军开始二万五千里长征，向陕北转移。事后，毛泽东谈到这份“四角号码情报”时，说其功绩是巨大的。

著名女作家项小米根据爷爷项与年的传奇经历创作出小说和剧本，拍摄成电影《英雄无语》。

1. 项与年
2. 项与年（中排左）和周恩来夫妇在一起

张鼎丞（1898—1981年），闽西革命根据地的主要创始人之一，汀州永定人。土地革命战争时期，他参加并领导了龙岩、永定、上杭等县的农民武装暴动。解放战争时期，任华中军区司令员、中共中央华东局常委、组织委员会书记等职。中华人民共和国建立后，任中共福建省委书记兼省人民政府主席、省军区政治委员，中共中央华东局第四书记，华东军政委员会主席，华东行政委员会副主席兼政法委员会主任、中共中央组织部第一副部长。

1. 张鼎丞
2. 张鼎丞与张云逸
3. 1960年张鼎丞回到故乡

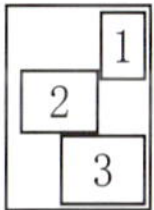

1\. 张南生（前右五）与杨得志（前右九）在中国人民志愿军总部合影
2\. 张南生中将

张南生（1905—1989年），汀州连城县新泉镇人。1929年参加革命，同年参加中国工农红军。张南生参加过中央苏区历次反“围剿”作战和两万五千里长征，抗日战争时期参加过百团大战及开辟晋冀鲁豫抗日根据地的斗争。解放战争时期历任晋冀鲁豫军区政治部组织部部长、中共晋冀鲁豫中央局组织部副部长，华北军区政治部组织部部长等，参加了上党、晋中等战役。解放后历任华北军区政治部副主任、中国人民志愿军政治部代主任，朝鲜战场上，他参与指挥粉碎敌军秋季攻势和1953年夏季反击作战等战役。回国后张南生历任北京军区副政委等职。1955年获中将军衔，荣获二级八一勋章、一级独立自由勋章、一级解放勋章。

刘忠（1906—2002年），汀州上杭县才溪乡人。1929年参加中国工农红军，先后参加过中央苏区历次反“围剿”作战和两万五千里长征。抗日战争时期他参加百团大战及开辟晋冀鲁豫抗日根据地的斗争。解放战争时期刘忠历任晋冀鲁豫军区第四纵队10旅旅长、第四纵队参谋长、太岳军区司令员、华北军区第15纵队司令员、第18兵团62军军长。解放后任西康军区司令员、川西军区司令员、军事学院副院长、军政大学副校长等职。1955年获中将军衔，荣获二级八一勋章、一级独立自由勋章、一级解放勋章。著有《从闽西到京西》《院校工作回忆》等。

1. 刘忠中将
2. 刘忠（右）与王奇才在延安抗日军政大学

赖祖烈（1907—1983年），汀州永定县湖雷乡人。早年参加中国工农红军，1932年参与筹建苏维埃国家银行，兼任中华商业总公司经理，参加反围剿战争与长征。抗日战争期间，调任八路军南京办事处等负责统战工作，随后赶赴延安，担任中央办公厅行政处副处长等职。第二次国共内战期间，参与接收北平部队，随后担任中共中央后方委员会办公室主任等职。中华人民共和国成立后，他担任中央办公厅特别会计室主任兼周恩来财政秘书、政务院参事、政务院专家招待事务管理局局长等。此后任中央警卫局局长。

1. 赖祖烈
2. 1941年2月1日，赖祖烈与叶剑英离开重庆回延安前，周恩来等前往机场送行。左第三人起：李克农、邓颖超、张晓梅、张冲、叶剑英、周恩来、赖祖烈、徐冰、董必武。

1
2

袁子钦（1909—1968年），汀州上杭县白砂区下洋村人。1929年参加中国工农红军。参加中央苏区历次反“围剿”作战和二万五千里长征。抗日战争时期任太行军区政治部副主任兼组织部部长。解放战争时期参加上党、平汉、临汾、晋中、太原等战役。解放后任第60军政委。抗美援朝战争期间任志愿军第三兵团军政委。回国后，历任解放军总干部部组织统计部部长，总政治部干部部副部长，总政治部秘书长，总政治部干部部部长，总政治部副主任。1955年获中将军衔，荣获二级八一勋章，一级独立自由勋章，一级解放勋章。

1. 毛泽东主席接见袁子钦将军
2. 袁子钦中将

刘亚楼（1910—1965），原名刘振东，汀州武平县人，1929年8月加入中国共产党，同年底参加红军。无产阶级革命家、军事战略家、中国人民解放军空军上将、中国人民解放军第一任空军司令员。抗战时期与解放战争时期屡立奇功，有“智将”的美誉。

1
2

1. 刘亚楼上将
2. 刘亚楼、林彪、罗荣桓在锦州前线指挥所研究作战方案

1. 1962年9月，刘亚楼向毛泽东、刘少奇汇报空军击落美制国民党U－2型高空侦察机的经过
2. 1964年9月8日，刘亚楼（右一）陪同叶剑英（中）、贺龙（左二）和罗瑞卿（右二）在北京接见空军学习“郭兴福教学法”汇报表演人员

赖际发（1910—1982年），汀州永定县合溪乡汤湖村人。赖际发早年跟随南昌起义部队进入上杭，后与张鼎丞一同举行永定起义。跟随朱德指挥的红四军进攻上杭，此后担任红十二军105团政委、红二师六团政委。1934年，赖际发跟随部队参加长征。抗日战争期间，赖际发加入八路军一二九师，与秦基伟组织支队进入晋中地区阻击日军。1943年，赖际发改任八路军总部军工部政委，组织军工生产。第二次国共内战期间，赖际发担任晋冀鲁豫边区财经委员会机械制造处处长、边区政府工业厅副厅长等职.。中华人民共和国成立后，赖际发担任中国重工业部办公厅主任、副部长、建工部副部长，中国建材部部长和国家建委副主任等职。“文化大革命”期间，赖际发遭受迫害，1970年，再次担任建材部部长。

1. 赖际发
2. 战争时期的赖际发

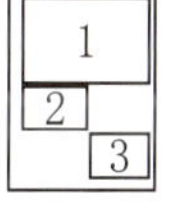

1. 1994年4月18日，林默涵（前排右二）与孙犁（前排右一）、贺敬之（前排右三）、杨润身（后排左一）在一起
2. 1995年林默涵回家乡武平
3. 革命现代京剧《红灯记》剧照，该剧由林默涵牵头改编

林默涵（1913—2008年），汀州武平县人，著名文艺理论家。1928年在福州、厦门、上海等地从事革命活动。1935年到日本学习，次年回国，先后在进步报刊《生活日报》《读书与出版》等任编辑。1937年抗日战争爆发后，他在上海青年救国服务团和第八集团军战地服务队从事抗日宣传工作，后到武汉任《全民抗战》编辑。1938年到延安马列学院学习。1943年调《解放日报》编辑副刊。1944年冬调重庆《新华日报》。抗日战争胜利后赴香港参与编辑国统区出版的共产党领导的刊物《群众》和《大众文艺丛刊》。他在这期间的政论、杂文和文艺论文结集出版成《在激变中》《浪花》《狮和龙》。历任中共中央宣传部副部长、文化部副部长、中国文联党组书记兼执行副主席等职。

杨成武（1914—2004年），汀州长汀县宣成人。1929年参加红军，任红军先遣团政委、师政委。抗日战争时期，任八路军115师独立团团长、晋察冀军区第一分区司令员等职，率部参加平型关战役、百团大战、黄土岭战役等，战功卓著，威震敌胆。解放后历任中央军委常委、副秘书长，中国人民解放军代总参谋长，福州军区司令，全国政协副主席等职。1955年被授予上将军衔，荣获一级八一勋章、一级独立自由勋章、一级解放勋章。

1. 杨成武上将
2. 革命时期的杨成武

1939年5月，杨成武指挥大龙华战斗，歼灭日军400余人，缴获大量重要机密文件。

1
2

1.战斗胜利后，杨成武（前左）陪同聂荣臻（前右）司令员检阅一分区部队
2.1965年，毛泽东、周恩来、刘少奇、杨成武在中南海怀仁堂

罗舜初（1914—1981年），汀州上杭县大洋坝人。1931年参加中国工农红军。参加过中央苏区第四、五次反“围剿”作战和二万五千里长征。抗日战争时期参与领导鲁中抗日根据地的巩固与发展工作。解放战争时期，历任辽东军区副司令员兼参谋长，东北民主联军第三纵队政委，中国人民解放军第四野战军第40军政委、军长等，参加辽沈、平津、渡江等战役。解放后历任海军参谋长和副司令员、国防部第十研究院院长、国防工业办公室副主任兼国防科委副书记、沈阳军区副司令员等职。参与我国氢弹试验和发射第一、第二颗人造地球卫星的组织领导工作。1955年被授予中将军衔，荣获二级八一勋章，一级独立自由勋章，一级解放勋章。

1. 罗舜初（前左二）视察舰艇
2. 罗舜初中将

1. 江一真
2. 1942年8月，（左起）殷希彭、印度援华医生柯棣华、奥地利大夫傅莱、江一真在晋察冀军区白求恩学校和附属医院从事教学和医务工作

江一真（915—1994年），汀州连城县庙前镇塘背村人。1927年参加长汀反帝大同盟，1929年参加农民暴动。翌年3月加入共青团，7月转入中国共产党。1977年平反。同年11月任卫生部部长兼党组书记、全国爱国卫生运动委员会副主任，全国计划生育领导小组副组长，中央保健领导小组副组长。上任后狠抓各项工作整顿，努力探索医药卫生事业改革。1979年4月任中共河北省委第二书记、省人大常委会主任。大胆拨乱反正，平反冤假错案，积极推进农村改革，得到党中央的充分肯定。1982年6月退居二线，9月被选为中共中央顾问委员会委员。

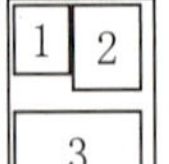

1. 陈丕显与周恩来在一起
2. 陈丕显
3. 陈丕显与邓小平在一起

陈丕显（1916—1995年），汀州长汀县人。中央红军长征后，在赣粤边地区参加了三年游击战。曾任共青团闽赣边太宁地区中心县委书记、青年团赣南省委书记。抗战爆发后，历任中共中央东南分局青年部部长、青委书记，苏中区党委副书记。中华人民共和国成立后，曾任中共上海市委书记、上海市政协主席、云南省委书记、湖北人大常委会主任、中央政法委书记、全国人大常委会副委员长等职。著有回忆录《赣南三年游击战争》《苏中解放区十年》等。

1. 项南陪同邓小平视察厦门，将特区扩大到全岛
2. 项南视察长汀水土保持工作，与当地干部群众一起总结出《水土保持三字经》

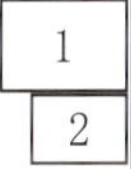

项南（1918—1997年），原名项德崇，汀州连城县朋口人。历任共青团安徽省委书记、安徽大学党委书记、华东军政委员会青年工作委员会书记、共青团中央宣传部部长、共青团中央书记处书记，中阿友好公社党委副书记、第一机械工业部副部长、农业机械部副部长、中共福建省委常务书记、中共福建省委第一书记兼福建省军区第一政委、福建省人大常委会主任、中国扶贫基金会会长等职。

在福建主政期间，项南从福建的实际出发，提出大念“山海经”；组织修建了厦门国际机场和水口水电站，引进全自动程控电话，实施了改变投资环境的“十大建设”，支持和鼓励为国有企业“松绑放权”，为福建的改革开放、经济的崛起和腾飞打下坚实的基础，被称为“中国改革八贤”。

第四部分

亂世風華

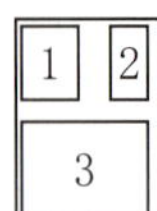

1. 长汀时期的萨本栋
2. 萨太太黄淑慎在长汀
3. 厦门大学在长汀的校园平面示意图

七七事变后，平津沦陷、淞沪激战，日军袭击厦门更加频繁。为躲避战乱，1938年1月12日，厦门大学师生经过20天800里的长途跋涉，抵达文化古城长汀。长汀条件艰苦、设施简陋，但有深厚的文化底蕴和热情好客的客家人。萨本栋校长在长汀民众的热心帮助下修缮校舍，租饭店、民房作为教师宿舍；修文庙、祠堂为图书馆、实验室。1月17日开始上课；2月28日，学期考试照常进行；3月10日，新学期开始注册。在长汀的厦门大学成为全国最接近战区但坚持办学的高校。

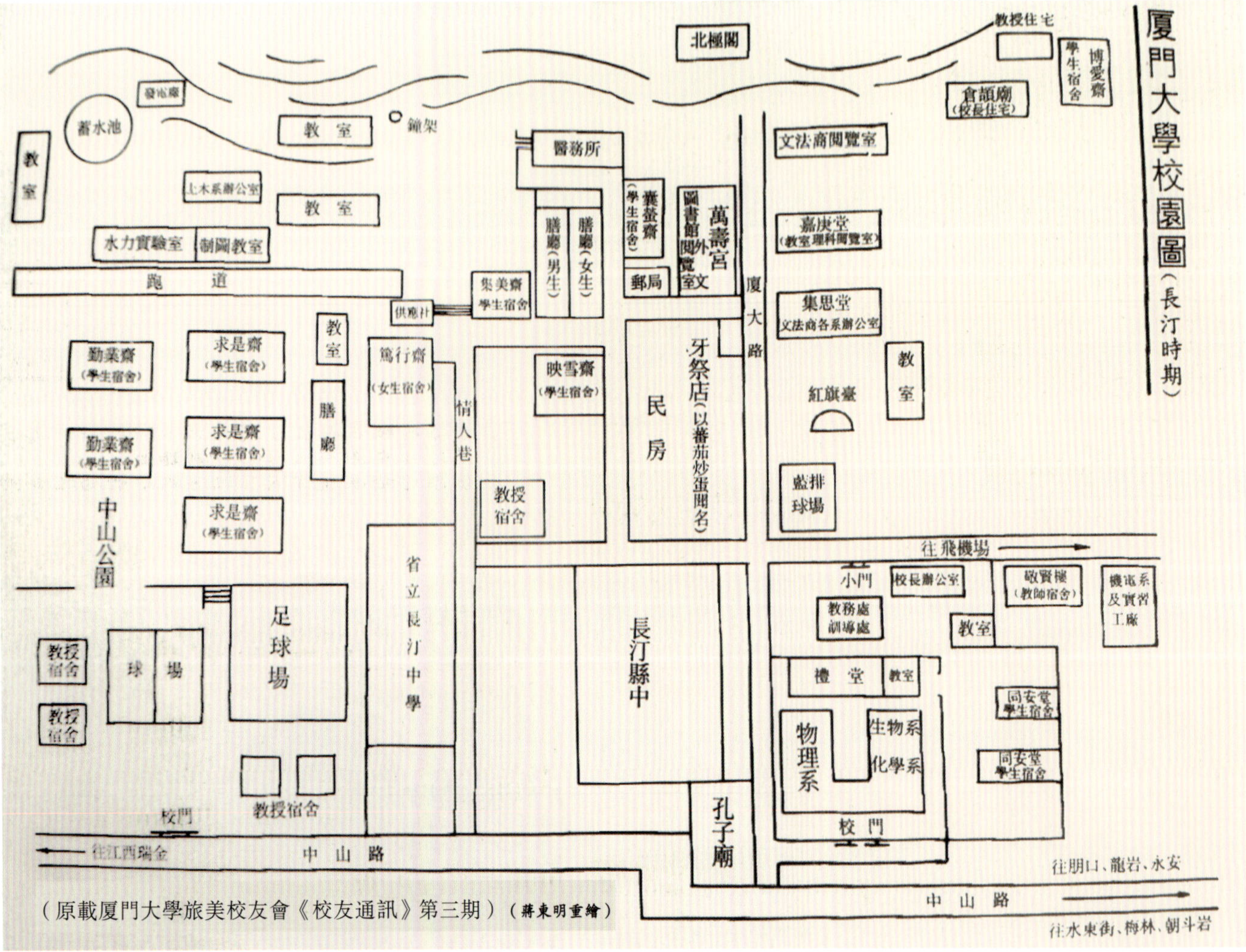

（原載厦門大學旅美校友會《校友通訊》第三期）（蔣東明重繪）

萨本栋（1902—1949），物理学家、电机工程专家、教育家。曾创造性地将并矢方法和数学中复矢量应用于解决三相电路问题，得到当时国际电工界的高度评价，他还致力于各种真空管的性质和效能研究。萨本栋和叶企孙等人共同建设和发展了清华大学物理系。抗战期间，为建设内迁长汀的厦门大学做出重要贡献。抗战胜利后，他还为恢复和重建中央研究院付出了极大努力。

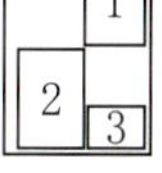

1. 萨本栋校长在长汀厦门大学校门前留影
2. 萨本栋在清华大学的网球场上
3. 萨本栋站在长汀被日军飞机炸毁的校舍前

1-2.国立厦门大学十七周年校庆时，部分校友在长汀与校长萨本栋留影

1
2

为了让师生有学习和生活的场所，厦门大学就地取材，加快校舍建设。在长汀各界的支持帮助下，一年内建成、修葺了十几座教室和堂舍。

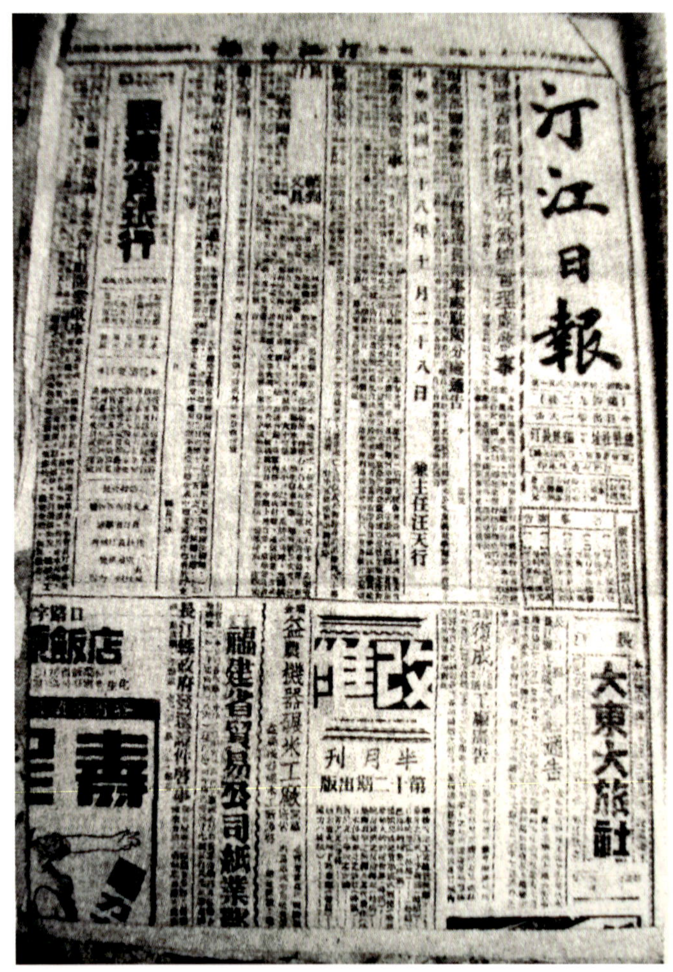

汀江日報

1938年，《汀江日报》（后改为《中南日报》）在长汀创刊出版，它是当时闽赣两省的主要报纸。该报由厦大毕业的罗翰主持，厦门大学各方参与协办，其上主要的学术副刊《语言文字导刊》《教育周刊》《商学》《经济》都由厦门大学的教授负责，内容丰富，深入浅出，颇受读者欢迎。

1. 《汀江日报》
2. 《中南日报》

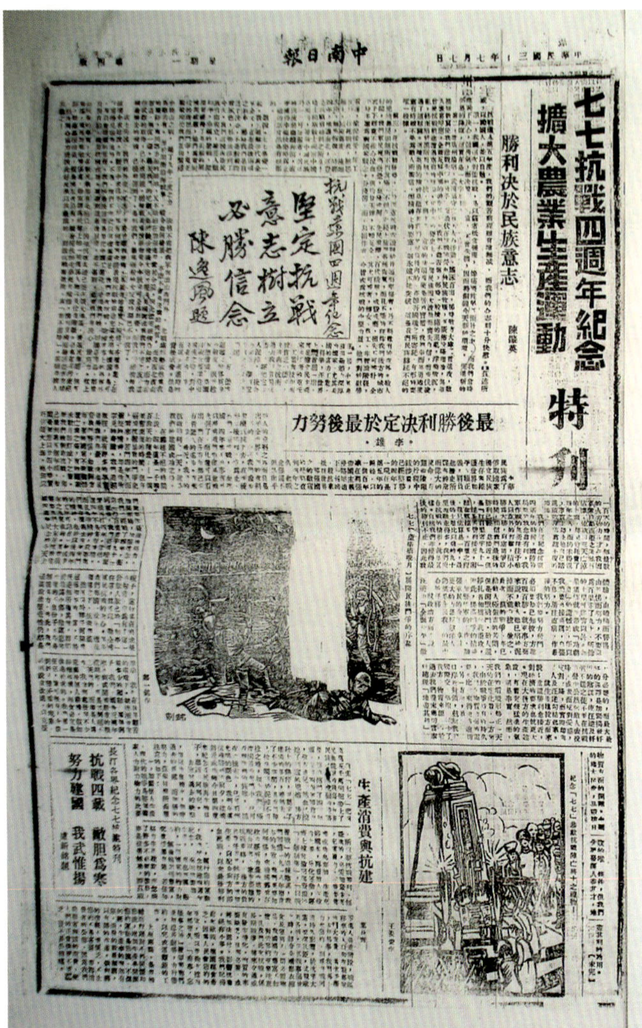

中南日報

七七抗戰四週年紀念 擴大農業生產運動 特刊

勝利決於民族意志

最後勝利決定於最後努力

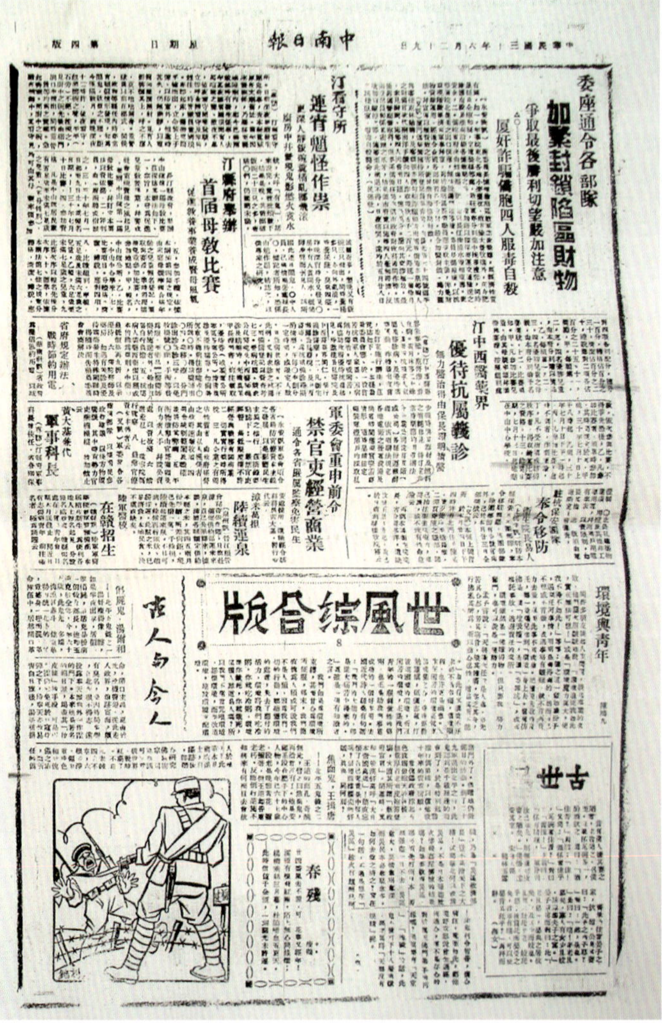

中南日報

加緊封鎖陷區財物

優待抗屬義診

禁官吏經營商業

世風綜合版

1939年，福建省研究所第一次筹备谈话会在长汀召开

1
2

1.湘籍同学留影纪念
2.赣中旅汀校友合影

长汀地处抗战后方，方便东南数省学生求学。江苏、浙江、上海、湖南、江西、广东等地青年长途跋涉，纷纷辗转来长汀就学，极大地促进了厦门大学在战时的发展。

施蛰存（1905—2003年），中国现代著名作家、翻译家、学者，1926年创作《春灯》《周夫人》，中国“新感觉派”的主要作家。施蛰存在长汀厦门大学教学四年，因住在长汀北山脚下的厦大宿舍，便一直以“北山”为笔名，发表多部著作，如《北山楼诗》。

1. 施蛰存经常散步的长汀中山公园
2. 在汀江留影的施蛰存
3. 《北山散文集》

林庚（1910—2006年），著名诗人和文学史家。1933年毕业于清华大学，留校任朱自清助教。1937—1947年任教于厦大。1947年回京，1952年起任北大中文系教授，曾任北大中文系古典文学教研室主任。

1. 当年的林庚
2. 林庚与学生在长汀厦门大学后山
3. 林庚与家人在长汀厦门大学老师宿舍前合影
4. 林庚在长汀期间出版的学术专著

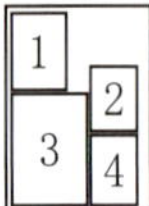

1	2

1. 长汀厦大邮局和信箱
2. 长汀时期的厦大学生在表演扫把舞

用轻薄的木板和疏落的树皮搭盖的教室，是讲解和学习高深学问的地方。

1
2

1-2.校友在集思堂前合影

1940年，陈嘉庚代表南洋1000万华侨回国慰问抗战将士，访问重庆、西安、延安等地后，于当年11月9日折道到达长汀，视察厦门大学。陈嘉庚踏遍厦大长汀校园的各个角落，高兴地说，“厦大有进步”，“比其他大学可无逊色”。

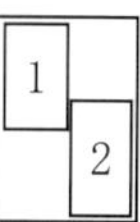

1.陈嘉庚（右）与萨本栋校长在长汀合影
2.萨本栋手书的通知

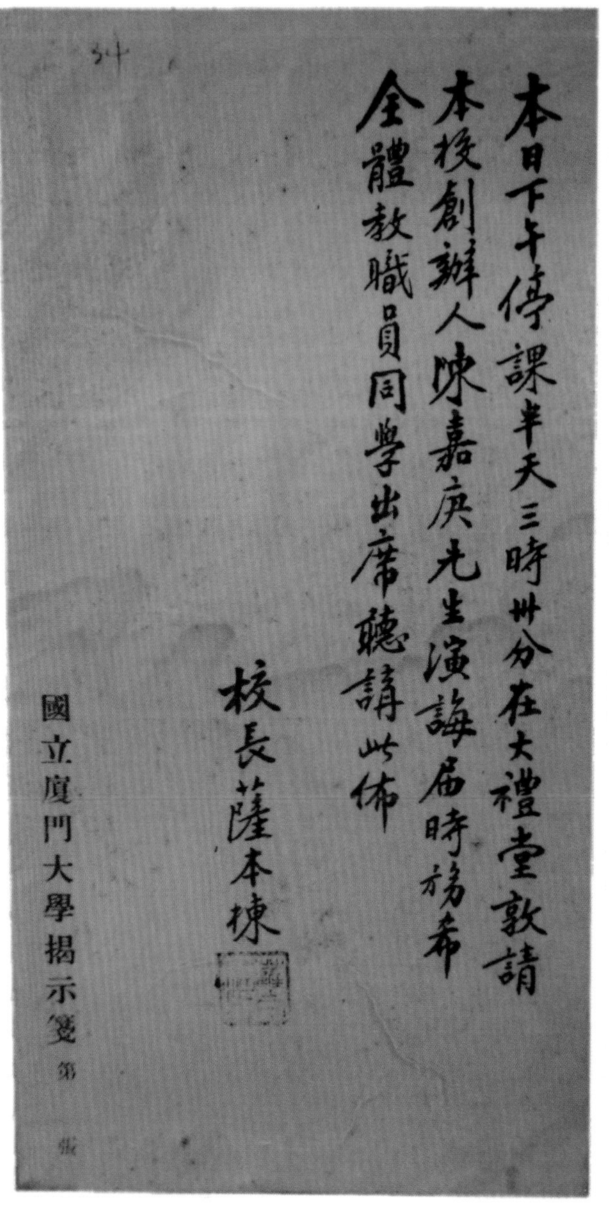

34

本日下午停課半天三時卅分在大禮堂敦請
本校創辦人陳嘉庚先生演講届時務希
全體教職員同學出席聽講此佈

校長薩本棟

國立廈門大學揭示箋 第 張

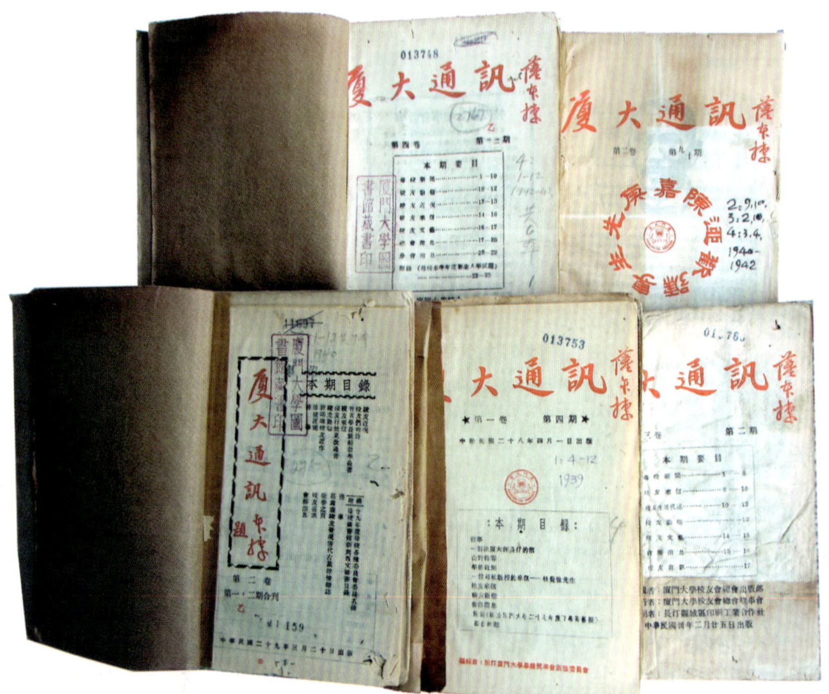

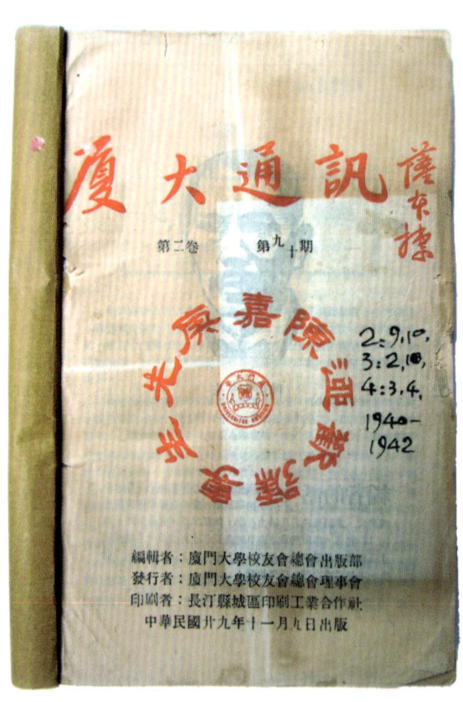

1
2.3

1.1940年11月9日，陈嘉庚在长汀与厦大、集美校友合影
2-3.同一天，创办于长汀的《厦大通讯》出版“欢迎陈嘉庚先生专号”

1.1940年11月10日，陈嘉庚（前排左起第四人）在长汀与厦大华侨学生合影
2.1940年11月16日，陈嘉庚在长汀与厦大闽籍师生合影

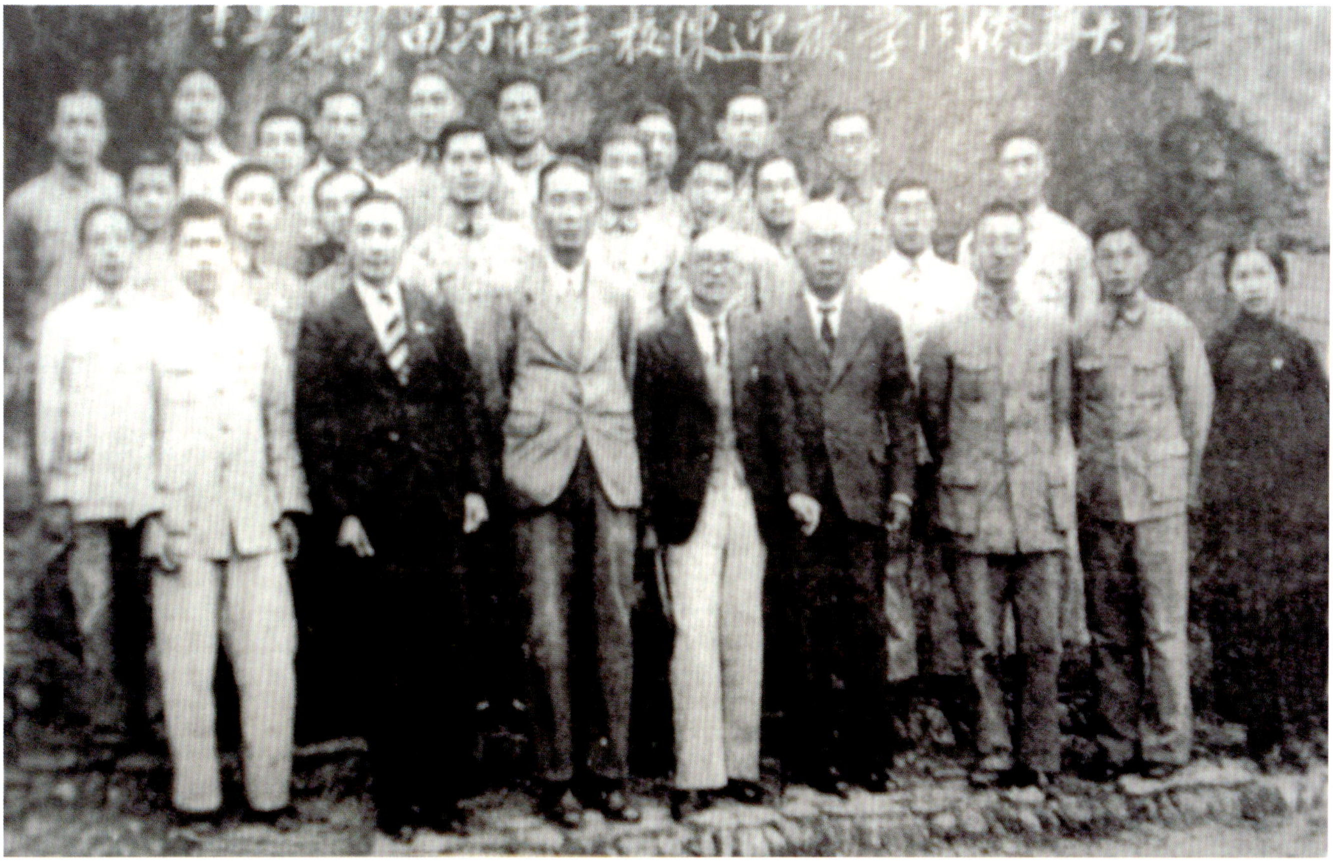

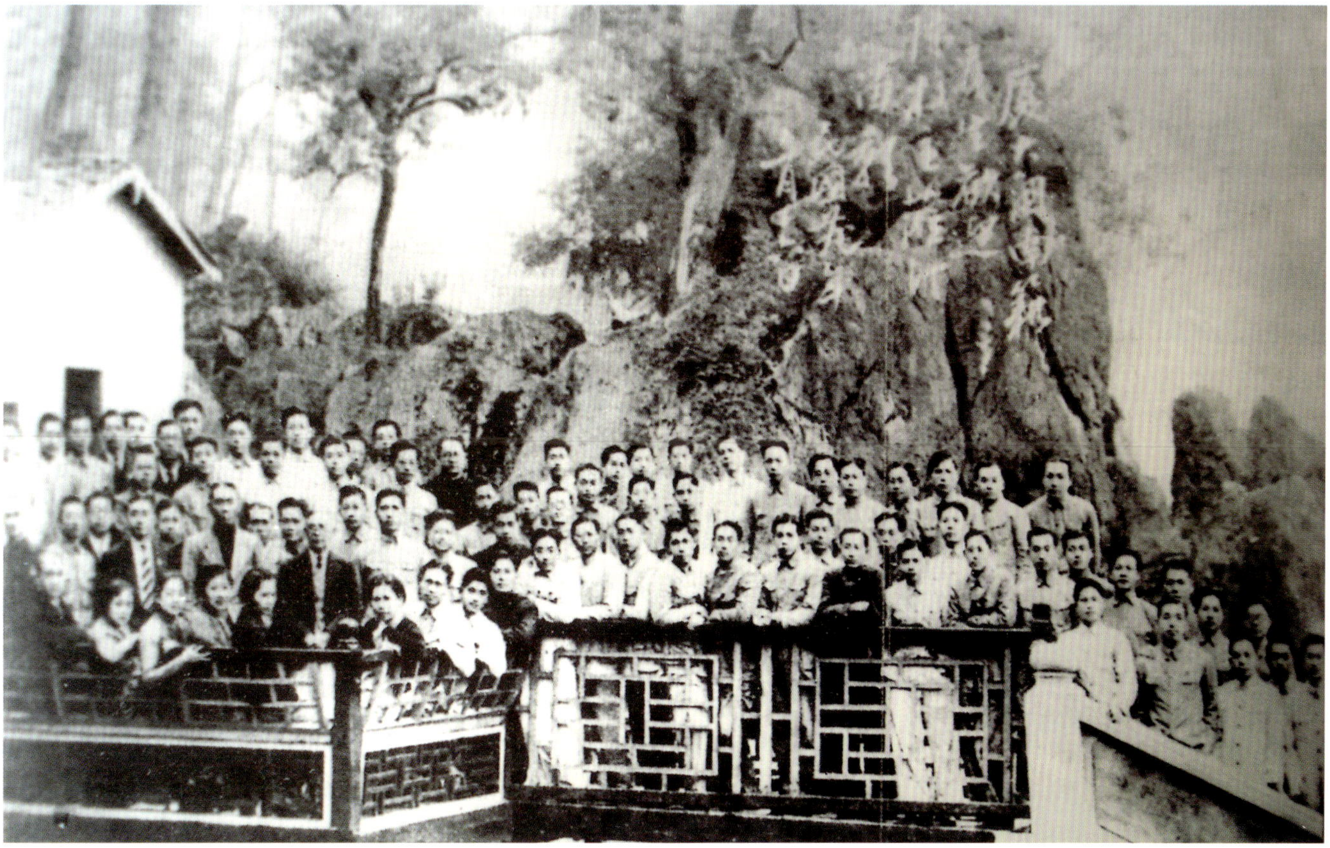

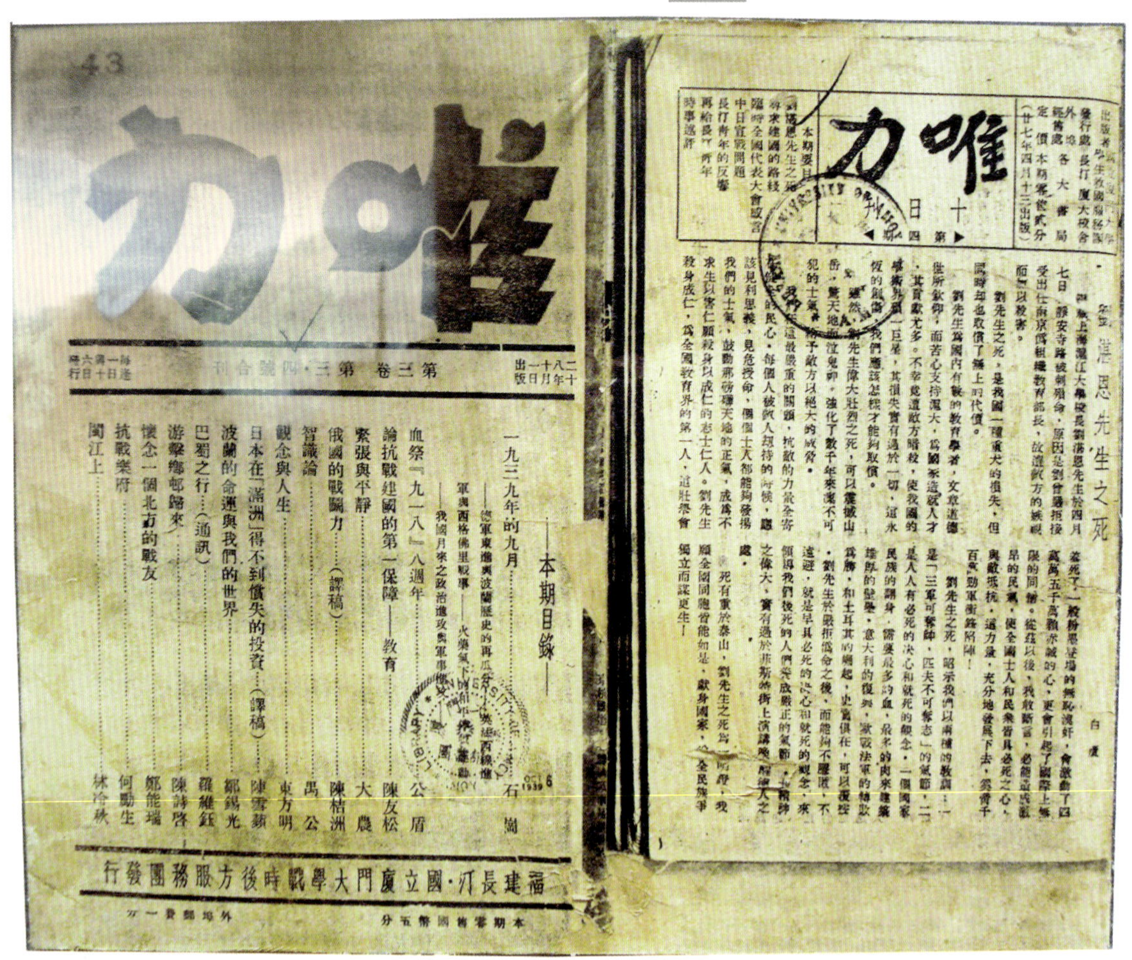
43

唯力

二十八年十一月十日出版　第三卷第三·四號合刊　每逢六號一日十日發行

本期目錄

福建長汀·國立廈門大學戰時後方服務團發行

本期零售國幣五分　外埠郵費一分

唯力

第十四期

劉湛恩先生之死

内迁长汀的厦门大学爱国学生多次到长汀、漳州、泉州、同安以及江西瑞金等地宣传抗日。

1. 厦大学生救国服务团创办的刊物《唯力》
2. 《唯力》关于学生抗战宣传活动的报道

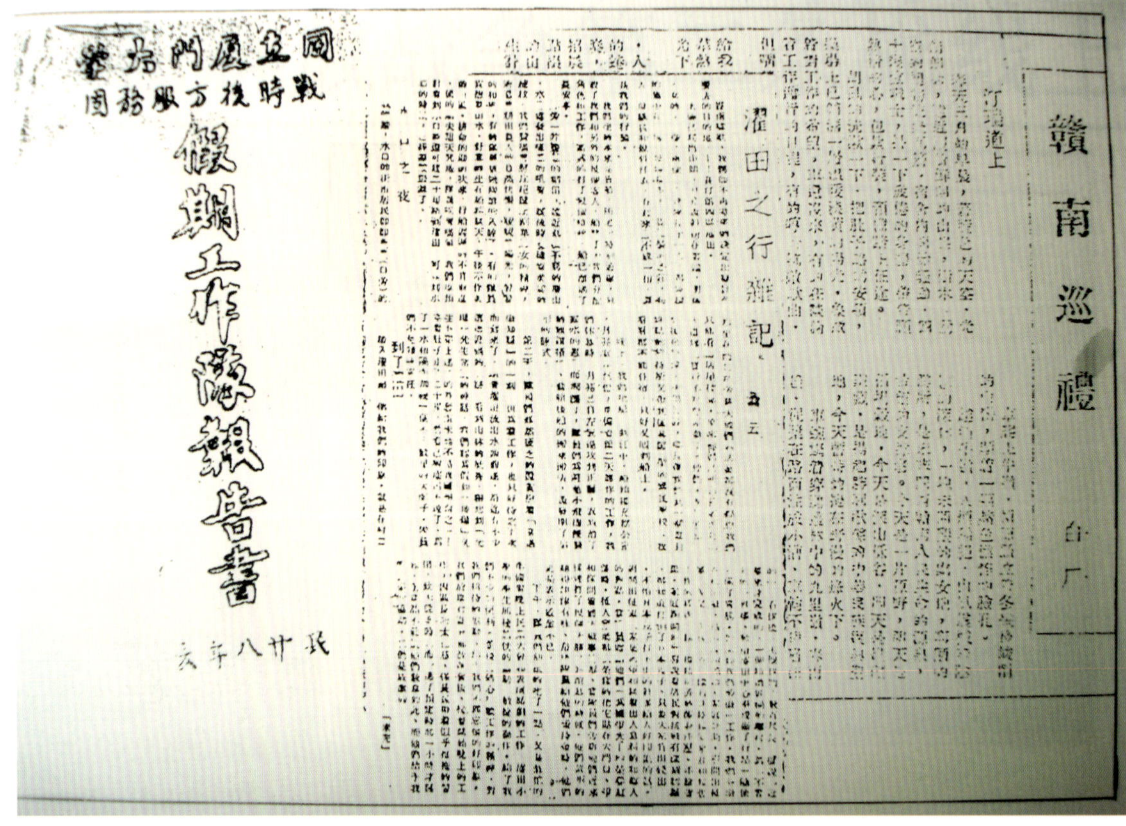
國立廈門大學
戰時後方服務團
假期工作總報告書
民廿八年冬

贛南巡禮

汀瑞道上

濯田之行雜記

1. 厦大剧团部分团员在中山公园校门前留影
2. 厦大剧团在进行抗日演出

为了配合抗日救亡宣传，厦门大学率先在长汀成立“厦大剧团”。

1
2
1. “九九剧社”成员在长汀的合影
2. “全家福”合影，前左一为萨本栋校长的公子（后为美国国家工程院院士）萨支唐

厦门大学成立“九九剧社”；厦门大学剧团和女生同学会在长汀联合演出话剧《家》。

厦大同学在长汀演出易卜生名剧《娜拉出走》。

1. 出演此剧的同学孙仲达（左，47级）、丁政曾（右，48级）
2. 厦大剧团、九九剧社排练、演出的场所

1
2

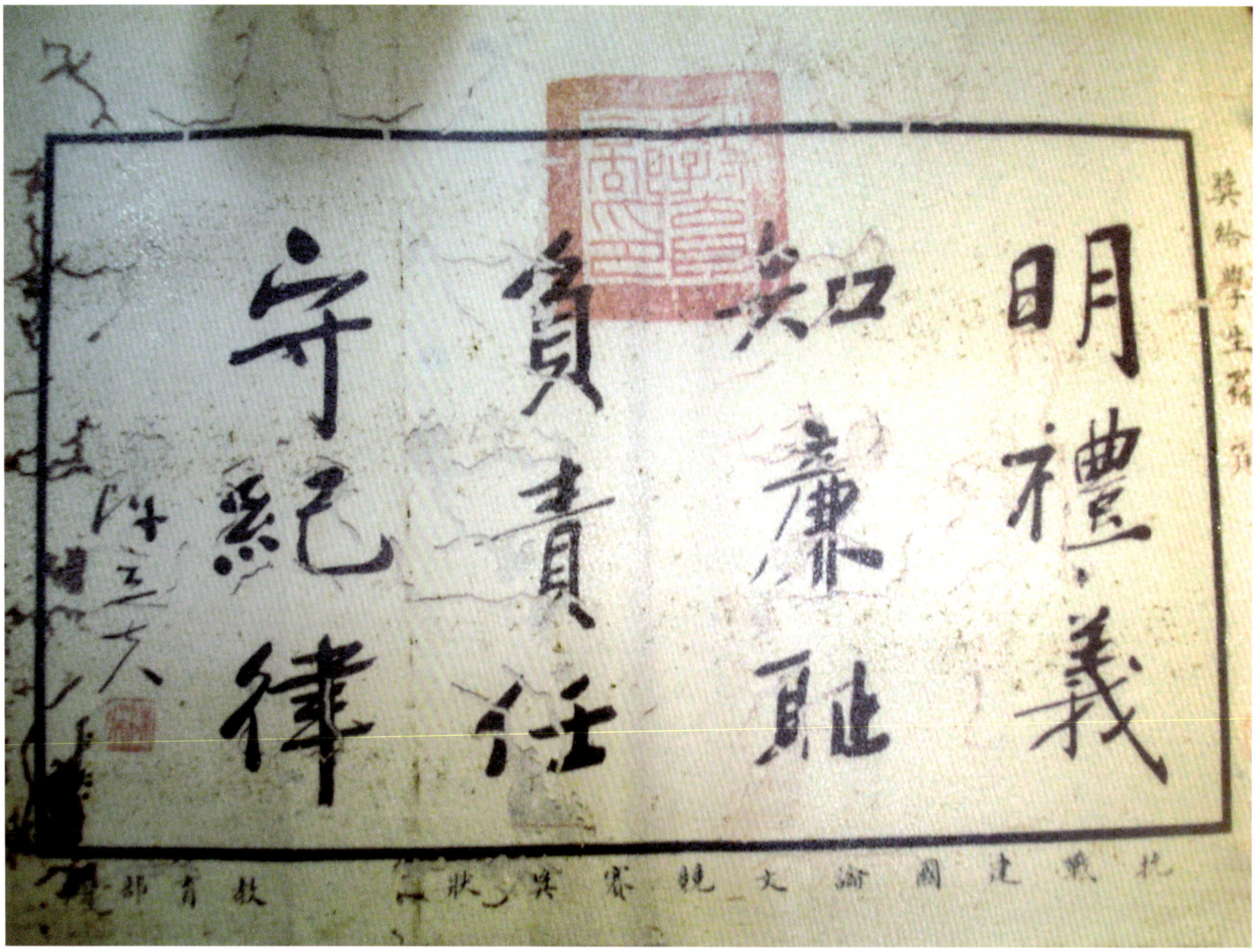
明禮義
知廉恥
負責任
守紀律
陳立夫
抗戰建國論文競賽獎狀
教育部

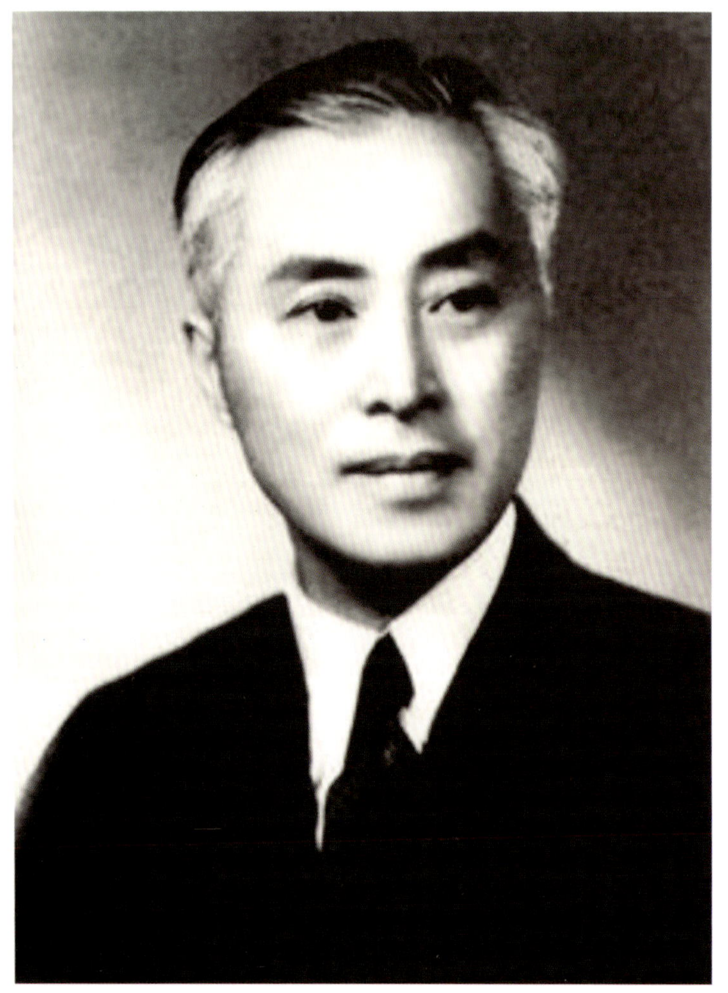

陈立夫（1900—2001年），浙江省吴兴（现湖州市）人，名祖燕，号立夫。历任蒋介石机要秘书、国民党秘书长、教育部长、立法院副院长等要职。作为有留美背景的教育部长，陈立夫在战乱期间对中国教育事业的发展做出卓越的贡献。国民政府迁台后陈立夫移居美国，潜心研究中华文化，推动中医药的发展和国际认可，晚年竭力推动海峡两岸的交流。

1941年，时任教育部长的陈立夫来到长汀考察，对最逼近日军占领区的厦门大学“困处长汀，辛苦奋斗”表示“尤深嘉慰”。

1. 陈立夫为在长汀的厦门大学题词
2. 当年的陈立夫

马寅初（1882—1982年），中国当代著名的经济学家、教育学家、人口学家。解放初期，担任北京大学校长的马寅初与厦门大学校长王亚南并称为“北马南王”。1957年，马寅初因发表“新人口论”方面的学说而被打成右派，十一届三中全会后得以平反。马寅初一生专著颇丰，对中国的经济、教育、人口等方面有很大的贡献，有“中国人口学第一人”之誉。

马寅初在长汀为厦大学生的经济学演讲言词诙谐，通俗易懂，引起同学们的极大兴趣。

1. 当年的马寅初
2. 备受批判的《新人口论》
3. 受到马寅初高度赞扬的厦门大学长汀图书室阅览室

华罗庚（1910—1985年），世界著名数学家，中国解析数论、矩阵几何学、典型群、自安函数论等多方面研究的创始人和开拓者。国际上以华氏命名的数学科研成果有“华氏定律”“怀依—华不等式”“华氏不等式”“普劳威尔—加当华定理”“华氏算子”“华—王方法”等。厦门大学在长汀成立数理学会时，华罗庚亲临参加。在华罗庚的支持下，数理学会活动非常活跃。

1. 当年的华罗庚
2. 萨本栋校长（前排中）与数理学会师生合影

李四光（1889—1971年），著名地质学家，中国地质力学创立者。早年加入同盟会，参加辛亥革命。1919年毕业于英国伯明翰大学，1920年回国。建国后，历任中国科学院副院长、中科院古生物研究所所长、地质部部长等职。著作有《中国地质学》《地质力学概论》《地震地质》《天文、地质、古生物》等。为中央研究院院士，中国科学院院士。

1941年，李四光先后到川东、鄂西、黔东、桂北、闽西等地考察地质构造和第四纪冰川遗迹。到长汀考察地质时，在厦门大学作学术报告，正式提出“地质力学”这门边缘新学科。

1. 汀州五能城门
2. 当年的李四光

朱家骅（1893—1963年），历任民国政府中央研究院代理院长、行政院副院长、教育部部长、交通部部长、浙江省政府主席等职。

朱家骅到长汀视察，进入厦门大学时，校园没有“欢迎如仪”的热闹场面。校长萨本栋说：“大学不是衙门，不需要向权贵献媚。”

1. 当年的朱家骅
2. 厦大长汀老校门

1. 校友在长汀毕业前留影
2. 厦门大学教育学会在长汀成立时，萨本栋校长出席并与师生合影

厦门大学为危难中的国家培养了大批亟需人才，毕业之前各省已来长汀聘定。

1.《李约瑟游记》
2. 当时的李约瑟
3. 李约瑟在讲座

李约瑟（1900—1995年），英国近代生物化学家和科学技术史专家，所著《中国的科学与文明》《中国科学技术史》对现代中西文化交流影响深远，他关于中国科技停滞的李约瑟难题也引起各界关注和讨论。

1944年5月，受厦门大学代校长汪德耀教授的邀请，李约瑟在助手黄兴宗的陪同下抵达长汀，受到全校师生的热烈欢迎。《李约瑟游记》说："小城长汀的厦门大学与西南的四所著名大学相比也不逊色，比中国的大多数学校处境更好。"在长汀期间，李约瑟为厦门大学化学系、生物系师生作了两场关于试验胚胎学的讲座。

王亚南（1901—1969年），中国著名的经济学家和教育家，《资本论》的翻译者，解放后厦门大学首任校长。1945年年初，王亚南到长汀厦门大学讲学，用《资本论》的理论和方法创造性地分析传统中国经济的运行规律。

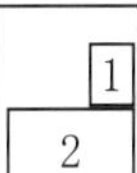

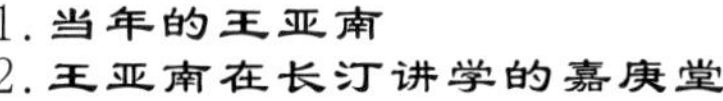

1. 当年的王亚南
2. 王亚南在长汀讲学的嘉庚堂

1929年冰心结婚时，萨本栋和燕京大学校长司徒雷登是男傧相，从照片上看，当时的萨本栋风度翩翩、健康潇洒。由于超负荷的工作和营养不良，1944年8月，萨本栋积劳成疾，不得不向教育部提出辞呈。9月，教育部批准萨本栋的辞呈，任命理学院院长汪德耀为国立厦门大学代理校长。萨本栋离开长汀到美国治病，长汀各界举行隆重的欢送仪式，大家都盼望这位上可摩天下可接地的校长早日归来。

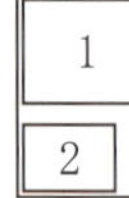

1. 萨本栋与司徒雷登一起做冰心的男傧相
2. 长汀各界欢送萨本栋校长赴美就医

1949年1月31日，萨本栋逝世于美国加州医院，是时，他还不满47岁。遗下的两个儿子萨支汉、萨支唐后来分别成为数学家和物理学家。

1. 萨夫人黄淑慎在萨本栋追悼会上
2. 厦门大学校园内的萨本栋墓
3. 郑朝宗撰、王乃钦书的《萨公颂》

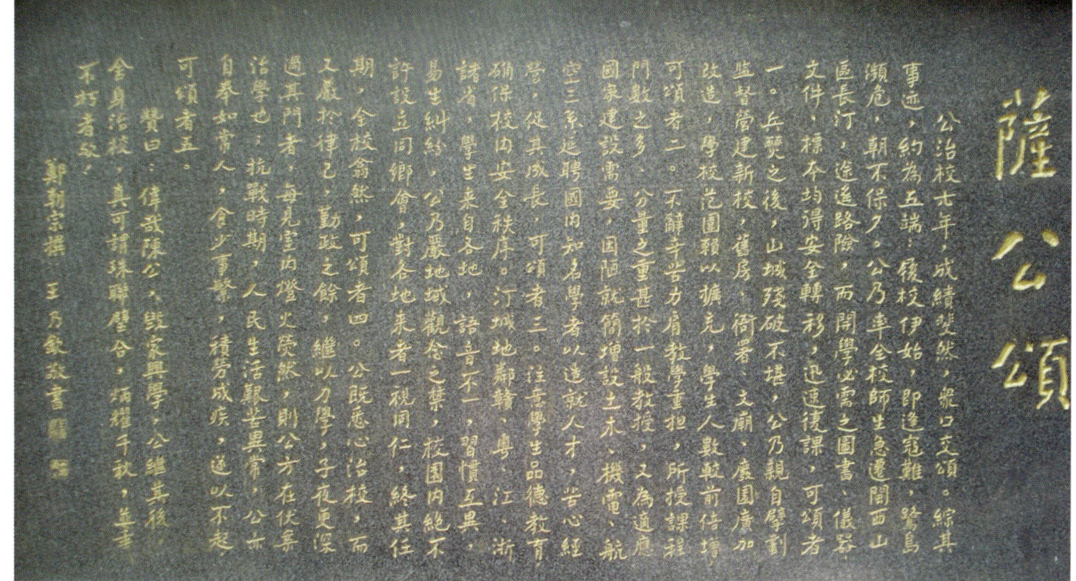

薩公頌

公治校七年，成績斐然，衆口交頌。綜其事迹，約為五端：長校伊始，即逢寇難，鷺島瀕危，朝不保夕。公乃率全校師生急遷閩西山區長汀，途遙路險，而開學必需之圖書、儀器、文件、標本均得安全轉移，迅速復課，可頌者一。兵燹之後，山城殘破不堪，公乃親自擘劃監督營建新校，舊房、衙署、文廟、廢園廣加改造，學校范圍賴以擴充，學生人數較前倍增，可頌者二。不辭辛苦，力肩教學重担，所授課程門數之多、分量之重甚於一般教授，又為適應國家建設需要，因陋就簡，增設土木、機電、航空三系，延聘國內知名學者以造就人才，苦心經營，促其成長，可頌者三。注意學生品德教育，確保校內安全秩序。汀城地鄰贛、粵、江、浙諸省，學生來自各地，語音不一，習慣互異，易生糾紛，公乃嚴地域觀念之禁，校園內絕不許設立同鄉會，對各地來者一視同仁，終其任期，全校翕然，可頌者四。公既悉心治校，而又嚴於律己，勤政之餘，繼以力學，子夜更深過其門者，每見室內燈火熒然，則公方在伏案治學也；抗戰時期，人民生活艱苦異常，公亦自奉如常人，食少事繁，積勞成疾，遂以不起，可頌者五。

贊曰：偉哉陳公，毀家興學，公繼其後，全身治校，真可謂珠聯璧合，炳耀千秋，並垂不朽者歟！

鄭朝宗撰　王乃欽敬書

汪德耀（1903—2000年），出生于江苏省灌云县，五四运动时期在北京师范大学附属中学读书，任学生会副主席（赵世炎任学生会主席），1931年获法国巴黎大学博士学位。1941年创福建省研究院，任院长兼动植物研究所研究员。1943年到长汀厦门大学任教授，任系主任、理工学院院长。1944年，萨本栋赴美国就医讲学，汪德耀任厦大代校长，1950年任厦大校长。汪德耀是著名的细胞生物学家，长期从事细胞生物学的教学和科学研究，为我国细胞生物学的开拓做出贡献。

1. 汪德耀校长
2. 1937年，汪德耀与王文铮的结婚合影
3. 汪德耀（后右一）任厦门大学校长期间，汪氏四兄弟与父亲合影

1. 青年卢嘉锡
2. 当时的长汀城

卢嘉锡（1915—2001年），汀州永定县坎市镇浮山村人，我国著名物理化学家。历任厦门大学理学院院长、福州大学副校长、中国科学院院长、全国政协常委、中国农工民主党中央副主席等职；1993年3月当选为第八届全国人大常委会副委员长。1946年3月，卢嘉锡从美国回国后不久，即到长汀厦门大学校本部任化学系主任。

窗谊

厦門大學一九四八級級友通訊

1. 朱一雄为《窗谊》画的封面
2. 《萨校长病中授课图》
3. 《长汀梅林之忆》

著名画家朱一雄，1947年从厦门大学中文系毕业，即赴菲律宾执教，曾任菲律宾东方大学美术及美术史教授、圣多玛士大学研究院历史教授、菲律宾全国美术协会理事。1968年移居美国，任美国维吉尼亚州华盛顿李将军大学驻校画家、美术及美术史教授。退休后居住在美国新泽西州。在长汀就读期间，朱一雄留下大量描绘校园的素描作品。

1946年秋，厦门大学将大量房产、家具、课桌和部分仪器分赠给长汀中小学等25个单位，师生全部返回厦门上课。厦门大学与古汀州的联手戏就此落下帷幕。

1
2

1.来自新加坡英华中学的厦大八名校友在长汀校园合影，丁政曾手抵柱，苏林华倚柱，其间坐严家骙
2.前排左起：熊重廉、丁政曾、苏林华、李齐昆，后排：陈世荧、严家骙、林坚冰、陈大镛

第五部分

黎明前夕

1
2
1-2.抗战爆发后，国民政府军政部汀漳军官教导大队在长汀训练，随时准备痛击来犯日寇

1938年1月，闽西南人民抗日义勇军第一支队改编为新四军第二支队，由张鼎丞任支队司令，谭震林任副司令，罗忠毅任参谋长，王集成任政治部主任。二支队下辖第三、第四两个团，2800余人。

1. 新四军二支队在龙岩东肖召开抗日誓师大会
2. 二支队从汀州开赴皖南抗日前线

路易·艾黎（1897—1987年），新西兰著名作家、教育家和社会改革家。1939年4月，路易·艾黎来到长汀，筹建东南“工合”长汀事务所，开展以“工业合作社”为中心的生产运动，动员长汀人民自力更生，发展地方工业，供应军需民用，支援长期抗战。

路易·艾黎著有诗集《工合》（1948）、《今日中国》（1957）；论著《艾黎自传》《中国见闻录》等。他在著作中称：“中国有两个最美的山城，一个是福建的长汀，一个是湖南的凤凰。”

1. 在长汀时的路易·艾黎
2. 工业合作社长汀事务所旧址

1
2

1-2.抗战期间，十九路军保留在长汀县中复村民居内的宣传壁画

1. 罗列将军
2. 罗列伉俪

罗列（1907—1976年），抗日名将，汀州府童坊乡青岩里岩头团（现为连城县罗坊乡）人。1926年10月广州黄埔军校第四期毕业，台湾国民党陆军总司令、二级上将、三军联合大学校长。

1937年抗日战争爆发后，为了抗战的需要，罗列调任第三十四集团军参谋长。1938年8月，皖豫罗蒙一战，罗列率部一举痛歼日寇第三、第十师团，打得日军仓皇逃窜。

罗列战功显赫，旋调任第四十八师少将师长。兰封战役，罗列亲自率部围歼日寇第十四师团于兴隆集、罗玉岩一带，击毙日军中校酋土肥原。1945年1月，日寇窥视襄樊，罗列以主力固守峡豫河防，另督编师驰援西峡口，罗列率部几经激战，重创日军116师团，歼敌于西荆公路以外，收复关中。

罗列在抗日战争中出生入死，驰骋疆场，战功累累，先后荣获抗战勋章、忠勤勋章、胜利勋章及美国政府颁赠的橡叶自由勋章。1945年6月荣升陆军第一军军长，晋阶陆军中将。

1. 罗列将军与蒋介石合影
2. 罗列将军所获的勋章

克莱尔·李·陈纳德（1893—1958年），美国陆军航空队中将，飞行员，第二次世界大战时担任在中国作战的美国志愿航空队“飞虎队”的指挥官，有“飞虎将军”之称。

1945年年初，盟军美国十四航空队进驻长汀机场，长汀机场是当时国民政府管辖下东南数省唯一的机场，也是东南前线唯一的空军基地。十四航空队驻汀的任务是轰炸打击日寇统治下的台湾等地的军事要地，迫使日寇投降。美国十四航空队有飞机50余架，大部分为重型轰炸机，少数为战斗机。飞行员和空勤、地勤人员200余人。

1
2

1.蒋介石会见陈纳德
2.在长汀机场训练中的陈纳德

1. 长汀机场指挥楼
2. 为美军组织的欢迎会

美军杜立特航空队空袭日本东京后，朝西飞往中国，除了一架迷航飞到苏联堪察加半岛外，其余轰炸机在中国境内坠毁。中国抗日军民营救美军飞行员并送到长汀盟军机场。

航空工程系同学在长汀盟军机场实习

1944年，厦门大学在长汀增设航空工程系，为中国空军和抗战输送人才。

1. 被日军炸毁的汀州古建筑
2. 1945年，厦门大学学生自治会代表欢送从军同学在长汀合影

日军对汀州古城的狂轰滥炸，激起广大青年的仇恨，厦门大学的许多在校生毅然投笔从戎，与汀州青年一起从军救国。

1945年8月14日，日本宣布无条件投降，八年抗战终于结束。长汀各界群众举行声势浩大的庆祝游行

1-4. 福建省政府关于长汀设置行政区划的通令

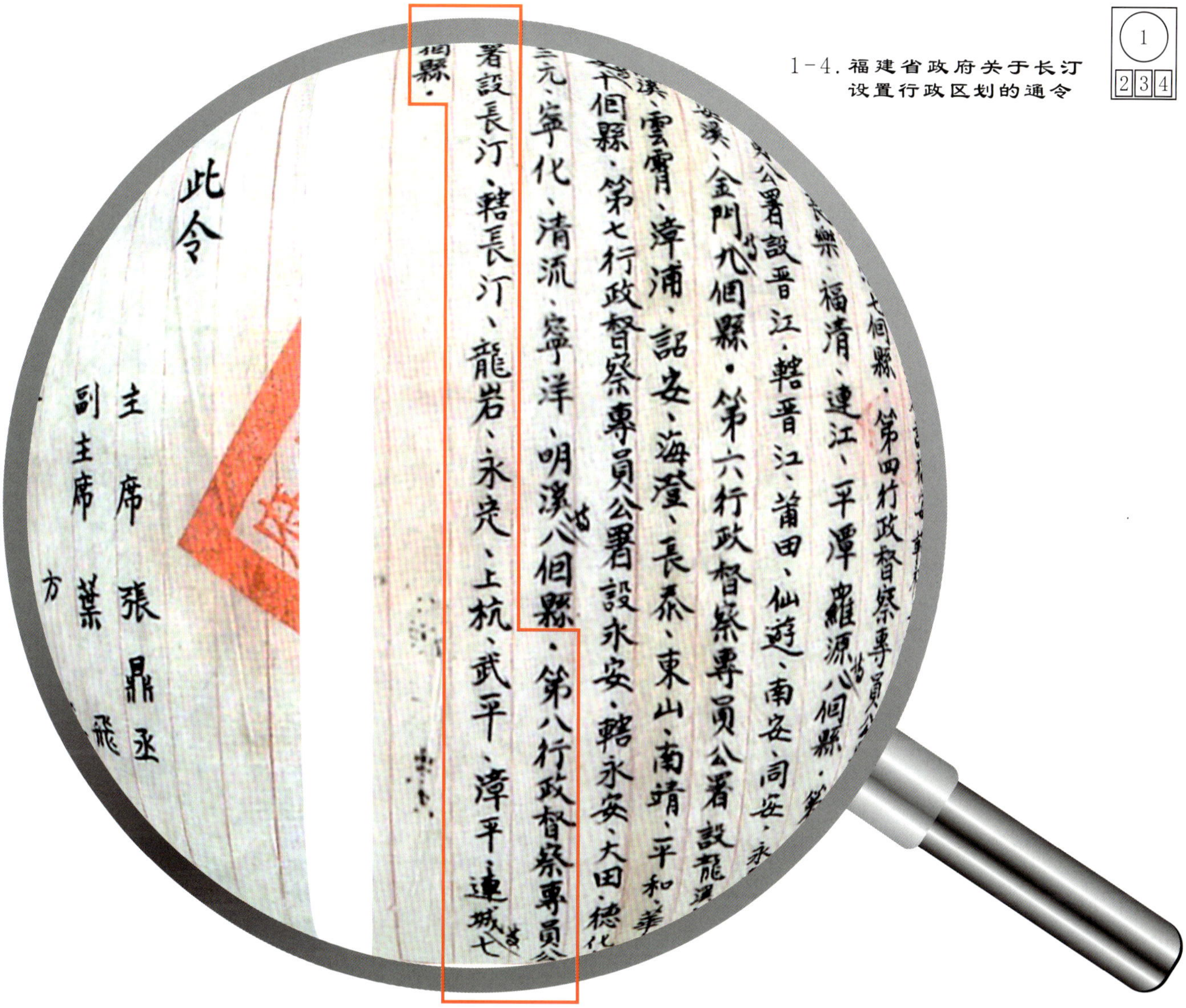

1949年9月10日，福建省人民政府关于省政府各厅负责人及全省行政区划通令（秘总字第一号）公布：第八行政督察专员公署设长汀，辖长汀、龙岩、永定、上杭、武平、漳平、连城等七个县。

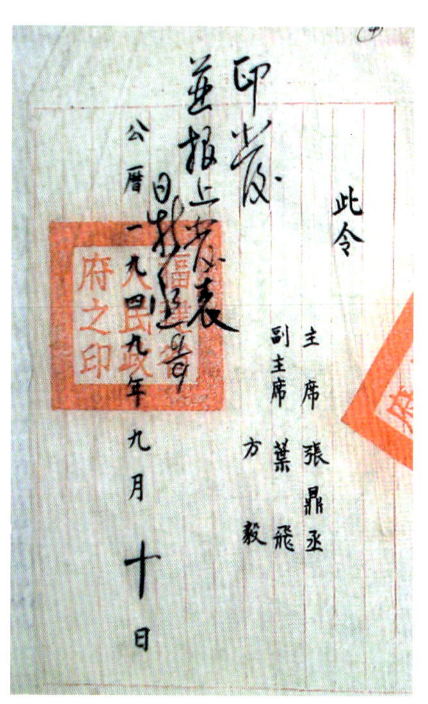

此令

主席 張鼎丞

副主席 葉飛

方毅

公曆一九四九年九月十日

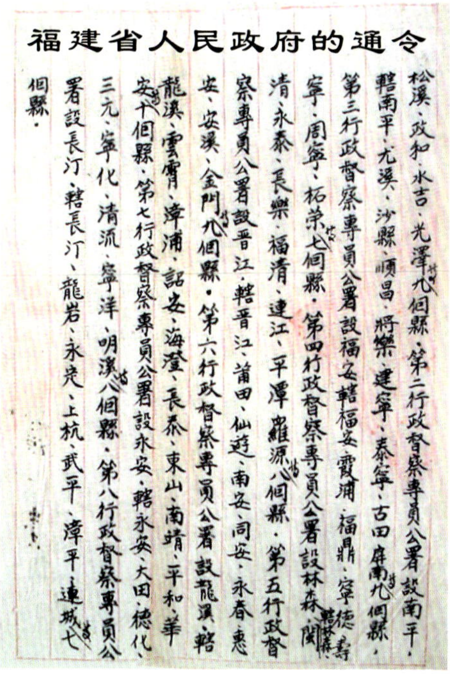

福建省人民政府的通令

松溪、政和、水吉、光澤十個縣，第二行政督察專員公署設南平，轄南平、尤溪、沙縣、順昌、將樂、建寧、泰寧、古田、屏南九個縣，第三行政督察專員公署設福安，轄福安、霞浦、福鼎、寧德、壽寧、周寧、柘榮七個縣，第四行政督察專員公署設林森，轄林森、閩清、永泰、長樂、福清、連江、平潭、羅源八個縣，第五行政督察專員公署設晉江，轄晉江、莆田、仙遊、南安、同安、永春、惠安、安溪、金門九個縣，第六行政督察專員公署設龍溪，轄龍溪、雲霄、漳浦、詔安、海澄、長泰、東山、南靖、平和、華安十個縣，第七行政督察專員公署設永安，轄永安、大田、德化、三元、寧化、清流、寧洋、明溪八個縣，第八行政督察專員公署設長汀，轄長汀、龍岩、永定、上杭、武平、漳平、連城七個縣。

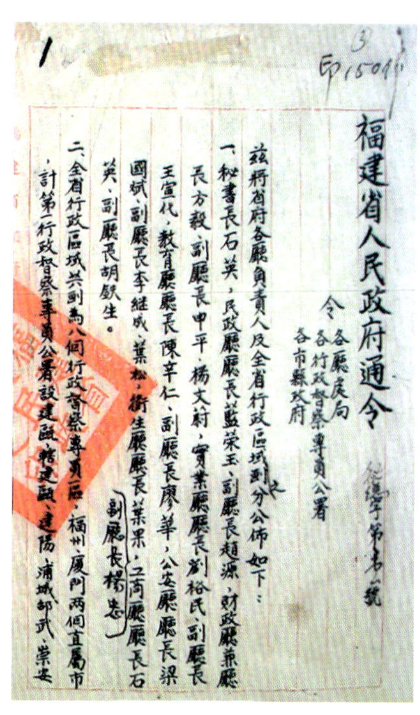

福建省人民政府通令

秘總字第一號

令 各廳處局 各行政督察專員公署 各市縣政府

茲將省府各廳負責人及全省行政區域劃分公佈如下：

一、秘書長石英，民政廳廳長藍榮玉、副廳長趙源，財政廳兼廳長方毅、副廳長申平、楊文蔚，實業廳廳長劉裕民、副廳長王宣化，教育廳廳長陳辛仁、副廳長廖華，公安廳廳長梁國斌、副廳長李繼成、葉松，衛生廳廳長葉果，工商廳廳長石英、副廳長胡欽生。副廳長楊忠

二、全省行政區域共劃為八個行政督察專員區、福州、廈門兩個直屬市，計第一行政督察專員公署設建甌，轄建甌、建陽、浦城、邵武、崇安

1949年10月20日，长汀县各界群众举行庆祝解放大会。

庆祝大会场景

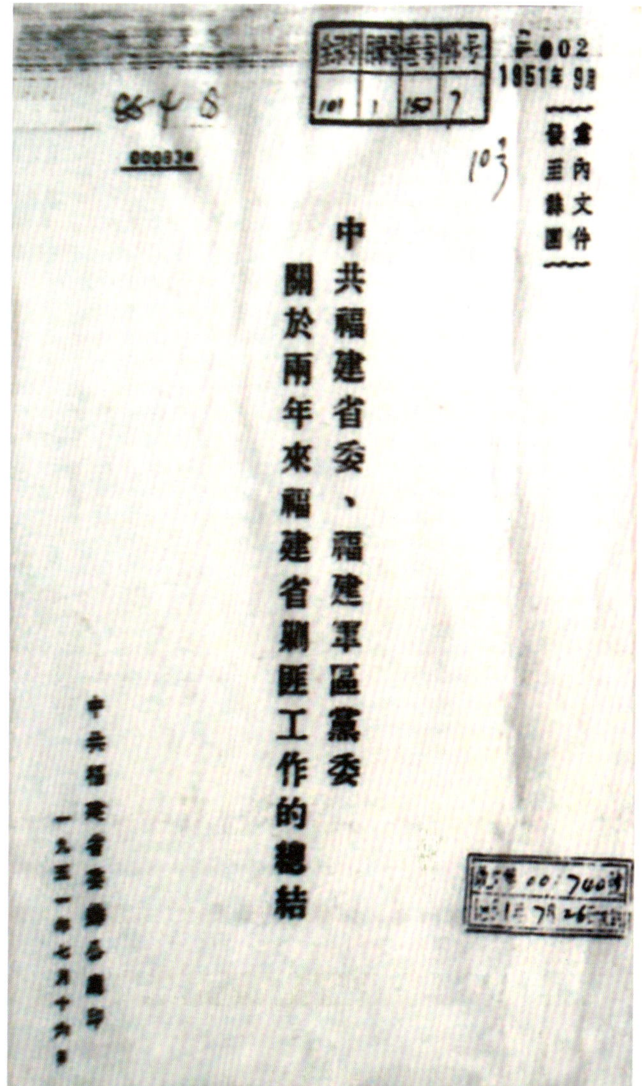
黨內文件
發至縣團

中共福建省委、福建軍區黨委
關於兩年來福建省剿匪工作的總結

中共福建省委辦公廳印
一九五一年七月十九日

1-2.中共福建省委、福建军区党委关于剿匪的文件
3.《福建日报》报道的剿匪胜利的消息

省委关于剿匪问题的指示

一、福建为华东海疆及国防前哨，福建省的全部解放与建设，是具有重大的军事政治意义的。我十兵团自进军福建以来，已消灭了蒋匪十万之众，现在除东山、金门、马祖岛等沿海岛屿尚有蒋匪外，福建全省基本上已获得了解放，人民政权和地方武装已开始自上而下的建立，城市与一部分农村的群众已开始发动及组织。这一切对于今后建设人民民主的新福建的事业，已打下了初步的基础。可是，由于直到现在为止，我们是集中全力于消灭蒋匪正规军，而尚未大力开展农村工作，因此全省内不少的乡村政权，实际上还掌握在封建地主阶级及旧保甲长之手。各地的土匪特务，总计还有四万人左右，经常打家劫舍，破坏交通，扰乱社会治安，阻碍人民政府法令的推行与贯彻。为彻底解放福建与建设福建，为巩固与发展福建人民民主专政，我们当前的中心任务，一方面要准备继续解放沿海岛屿；同时，要集中力量，剿灭福建境内的特务土匪，使福建一千二百万人民能彻底翻身，并能安居乐业，进行生产与建设。因此，剿灭匪敌，肃清特务，应该是我全党政军民当前的中心任务。

二、某些同志，对解放福建认为是自己的职责，对建设福建则缺乏耐心，这种倾向必须纠正。在我地方武装尚不够强大，特务土匪尚处处危害人民，群众尚未普遍发动的情况下，我们更要发扬艰苦奋斗的斗争精神，遵照华东局的指示，完成剿匪反特、发动福建人民与解放台湾建设新福建的光荣任务。我们的野战军应有计划地以团营连为单位，分散在农村进行剿匪肃特。军队是战斗队同时又是工作队，必须

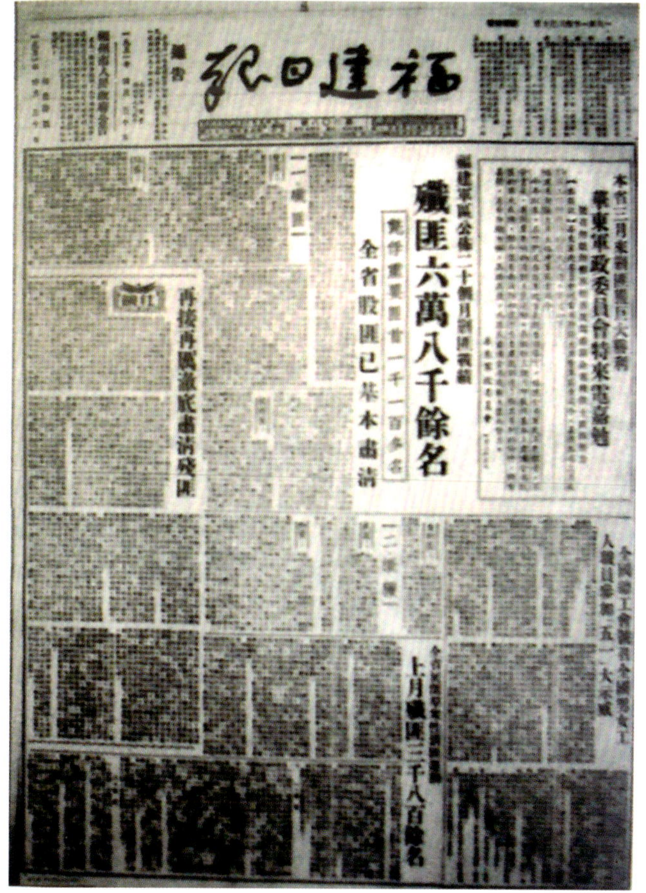
福建日報

福建軍區公佈二十個月剿匪戰績
殲匪六萬八千餘名
全省股匪已基本肅清

再接再厲徹底肅清殘匪

上月殲匪三千八百餘名

華東軍政委員會特來電嘉勉

1. 1950年11月，长汀连城各界举行大会，欢迎解放军进驻剿匪

2. 人民解放军在长汀连城境内的清风山清剿土匪

1. 剿匪部队在清风山搜索
2. 清风山剿匪胜利后，长汀、连城都举行了隆重的庆祝大会

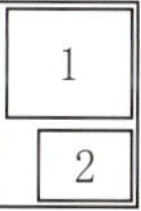

1951年8月23日，以谢觉哉为总团长的中央人民政府南方老根据地访问团到达长汀，受到群众的热烈欢迎。这是一个划时代的事件，标志着古汀州走进历史，象征一个新时代的来临。

1
2

1. 访问团从清代顺治年间建成的古渡口长汀水西渡上岸
2. 总团长谢觉哉向群众挥手致意

参考文献（以出版先后为序）

报纸类

上海《民国日报》1930年10月29日
上海《民国日报》1930年11月8日
路透社新闻图片1932年5月23日
上海《申报》1933年6月16日
天津《大公报》1934年3月25日
天津《大公报》1935年7月5日
汀州《中南日报》1941年3月8日
汀州《中南日报》1941年6月29日
《厦门日报》2006年3月29日
《闽西日报》2006年8月10日
《海南日报》2008年5月1日
《天津日报》2008年7月17日
《解放日报》2011年6月22日

期刊类

《红岩春秋》2010年第3期
《传记》2011年创刊号
《客家潮》2012年第3期
《客家》2012年第6期
《美术学报》1996年总第19期

专著类

《最新支那要人传》，东亚问题调查会编，朝日新闻社1941年版
《汀州府志》，（清）乾隆十七年修，（台北）成文出版社影1967年印行
《陈毅诗词选集》，陈毅，人民文学出版社1977年版
《中华人民共和国大事记》，新华通讯社国内资料组编，新华出版社1982年版
《闽西革命史文献资料》第1辑，中共龙岩地委党史资料征集领导小组编，1982年印行
《福建革命史画集》，本书编辑委员会，福建人民出版社1982年版
《毛泽东题词墨迹选》，毛泽东，人民美术出版社1984年版
《闽小纪闽杂记》，（清）周亮工、施鸿保撰，福建人民出版社1985年版
《闽西革命根据地史》，中共龙岩地委党史资料征集研究委员会，华夏出版社1987年版
《福建籍将军》，阮卫星整理，福建人民出版社1987年版
《闽西风物志》，卢建岩主编，福建人民出版社1988年版
《福建文史资料》第十九辑，福建省政协文史资料研究委员会编，福建省政协文史资料研究委员会1988年印行
《厦大校史资料》第二辑，厦门大学校史编委会编，厦门大学出版社1988年版
《龙岩人民革命史》，龙岩市委党史资料征集研究委员会编，厦门大学出版社1989年版
《长汀人民革命史》，中共长汀县委党史工作委员会编，厦门大学出版社1989年版
《中日战争》，戚其章主编，中华书局1991年版
《厦门党史画册》，中共厦门市委宣传部等编，鹭江出版社1991年版
《施蛰存散文选集》，林呐、徐柏容、郑法清主编，百花文艺出版社1991年版
《20世纪中国全记录》，戴月芳主编，（台北）锦绣出版事业股份有限公司1992年版
《龙岩地区志》，龙岩地区地方志编纂委员会编 ，上海人民出版社1992年版
《长汀县志》，长汀县地方志编纂委员会编，三联书店1993年版
《闽书》，（明）何乔远编撰，福建人民出版社1994年版
《中国近代史》，李侃、李时岳、李德征、杨策、龚书铎，中华书局1994年版
《萨本栋文集》，许乔蓁 林鸿禧编，厦门大学出版社1995年版
《20世纪中国全纪录》，吴少秋、陈方远主编，香港文化传播事务所有限公司1995年版
《八大样板戏珍藏本》，李辉主编，光明日报出版社1995年版
《中华通史》，（台湾）陈致平，花城出版社1996年版
《世纪档案》，徐学初编，中国文史出版社1996年版
《闽西客家祖地》，徐继武，海潮摄影艺术出版社1996年版
《中国人生活的明与暗》，（英）麦高温著，朱涛、倪静译，时事出版社1998年版
《老新闻——民国旧事》，江晓敏等选编，天津人民出版社1998年版
《血沃杜鹃红》第二辑，张惟主编，作家出版社1998年版
《陈纳德回忆录》，（美）陈纳德著，浙江文艺出版社1998年版

《福建名祠》，福建省政协文史委员会编，台海出版社1998年版
《闽台历代国画鉴赏》，张金鉴，海潮摄影艺术出版社1998年版
《中共闽粤赣边区史》，闽粤赣边区党史编审领导小组，中共党史出版社1999年版
《中央苏区土地改革史》，李小平，厦门大学出版社 1999年版
《中央苏区党的建设史》，杨小冬、罗长祥、陈世奎，厦门大学出版社1999年版
《中央苏区财政经济史》，张侃、徐长春，厦门大学出版社1999年版
《中央苏区政权建设史》，蒋伯英、郭若平，厦门大学出版社1999年版
《中央苏区文化教育史》，王予霞、汤加庆、蔡佳伍，厦门大学出版社1999年版
《中央苏区军事史》，曹敏华 高绵 欧阳小松，厦门大学出版社1999年版
《李约瑟游记》，李约瑟、李大斐编著，贵州人民出版社1999年版
《黄慎书画集》，黄慎，人民美术出版社1999年版
《秋水入梦》，黄征辉，中国文联出版社公司1999年版
《近代中国报道》，中国革命博物馆编，首都师范大学出版社2000年版
《20世纪大事图录》，冯华志、冯精志主编，广西教育出版社2000年版
《民国福建军事史》，韩真，中国言实出版社2000年版
《闽西人民革命史》，中共福建省龙岩市委党史研究室，中央文献出版社2001年版
《闽画史稿》，梁桂元，天津人民美术出版社2001年版
《中国古船图谱》，王冠倬编著，三联书店2001年版
《从瑞金走出的共和国元勋》，中共瑞金市委、瑞金市人民政府编，江西人民出版社2001年版
《北山散文集》，施蛰存，华东师范大学出版社2001年版
《福建海外交通史》，廖大珂，福建人民出版社2002年版
《八闽祠堂大全》，福建省文化厅主编，海潮摄影艺术出版社2002年版
《闽西客家》，谢重光文，李玉祥摄影，三联书店 2002年版
《福建省志》，福建省地方志编纂委员会编，中国社会科学出版社2003年版
《客家文化大观》，冯秀珍，经济日报出版社2003年版
《新福建八闽档案摭拾》，陈永成主编，福建省档案馆2004年印行
《萨本栋博士百年版诞辰纪念文集》，陈武元编，厦门大学出版社2004年版
《福建简史》，林祥瑞、刘祖陛编著，国际华文出版社2004年版
《叶飞画册》，福建省新四军研究会编，中国美术学院出版社2004年版
《三明宗祠集萃》，三明市政协文史资料委员会编，福建人民出版社2004年版
《正说清朝三百年版》，林涛，中国国际广播出版社2005年版
《八闽开国将军》，宋四根编，中央文献出版社2005年版
《落日——闽台抗战纪实》，钟兆云，鹭江出版社2005年版
《闽台抗战风云》，中国新闻社福建分社等主编，海潮摄影艺术出版社2005年版
《商业巨子胡文虎》，吴尔芬、张侃，当代中国出版社2005年版
《八闽名祠大观》，郑炜、陈泓伽主编，福建教育出版社2005年版
《三明摩崖石刻》，三明市政协文史资料委员会编，福建美术出版社2005年版
《中外美术简史》，张邦兴，中国文联出版社2005年版
《中国绘画通论》，阮荣春主编，南京大学出版社2005年版
《无涯集》，浦江清，百花文艺出版社2005年版
《长汀会讯》第二十五期，台北市福建长汀同乡会2005年版印行。
《长汀会讯》第二十六期，台北市福建长汀同乡会2006年版印行。
《福建通史》第五卷，徐晓望主编，福建人民出版社2006年版。
《福建民间木雕》，林蔚文，作家出版社2006年版
《八闽通志》，（明）黄仲昭修纂，福建人民出版社2006年版
《华嵒》，崔卫、赵燕青，河北教育出版社2006年版版。
《黄永玉画集》（上下），黄永玉，漓江出版社2006年版
《热血与坚忍——郑传道纪念文集》，郑启五主编，当代中国出版社2006年版。
《中国文物地图集福建分集》，国家文物局主编，福建省地图出版社2007年版。
《福建民间文书》，陈支平主编，广西师范大学出版社2007年版。
《福建藏书家传略》，王长英、黄兆郸编著，福建教育出版社2007年版。
《福建古代历史文化博览》，邱季端主编，福建教育出版社2007年版。
《福建名人故居》，福建省政协文史资料委员会编，福建人民出版社2007年版。
《民国著名大学校长》，高伟强、余启咏、何卓恩、编著，湖北人民出版社2007年版。
《中国最美的小城》，吴荣水林荫，广东旅游出版社2007年版。
《中国绘画史》，陈师曾，中国人民大学出版社2007年版。
《历史记忆——闽西文化遗产》下，张耀清主编，海潮摄影艺术出版社2007年版。
《客家名镇客家村》，马卡丹，中央文献出版社2007年版
《状元宰辅邹应龙》，泰宁县政协文史资料委员会、泰宁县邹应龙文化研究会2007年版
《扬州八怪绘画艺术读解与鉴赏》，欧阳云编，陕西人民美术出版社2007年版
《厦门近现代中国画家》，厦门大学出版社2007年版
《山水闽西》，衷梅英主编，中央文献出版社2007年版
《红色闽西》，傅如通、符维健主编，中央文献出版社2007年版
《沧桑闽西》，林汉扬主编，中央文献出版社2007年版
《古韵汀州》，长汀县城乡规划建设局编，厦门大学出版社2008年版
《大清历史新闻》1卷 ，张研主编，中州古籍出版社2008年版
《梅州将军录》，梅州市政协文化和文史资料委员会、梅州市委党史研究室2008年版编印
《福建史稿》，朱维幹，福建教育出版社2008年版
《福建历史文化名镇名村》，福建省政协文史资料委员会编，福建人民出版社2008年版
《福建编年版史》，陈遵统等编纂，福建人民出版社2009年版
《福建解放档案图集》 中共福建省委宣传部 福建省档案局编 福建人民出版社 2009年版

《南强记忆——老厦大的故事》，王豪杰主编，厦门大学出版社2009年版
《上官周山水画谱》，上官周，福建美术出版社2009年版
《清代著名书法家伊秉绶法书大观》，连新福主编，海潮摄影艺术出版社2009年版
《中国绘画史》，俞剑华，东南大学出版社2009年版
《中国绘画史》，潘天寿，团结出版社2009年版
《中国美术史》，郑昶，团结出版社2009年版
《中国国家地理福建专辑》，中国科学院地理科学与资源研究所2009年印行
《台湾的古城》，张志远，三联书店2009年版
《福建中央苏区纵横综合卷》，中共福建省委党史研究室编，中共党史出版社2009年版
《福建中央苏区纵横：长汀卷》，中共长汀县委党史研究室编，中共党史出版社2009年版
《福建中央苏区纵横：连城卷》，中共连城县委党史研究室编，中共党史出版社2009年版
《三明古民居》，政协福建省三明市委员会编，福建教育出版社2009年版
《杨时故里考证》，范立生主编，成都时代出版社2009年版
《中国通史》，杨非编写，南京大学出版社2010年版
《徐霞客游记》，（明）徐弘祖，上海古籍出版社2010年版
《蒋介石家书》，曾景忠编注，团结出版社2010年版
《书院福建》，金银珍、凌宇，同济大学出版社2010年版
《四野名将》，吴东峰，云南人民出版社2010年版
《扬州八怪绘画艺术读解与鉴赏》，欧阳云编，陕西人民美术出版社2010年版
《中国历代画家简明图表》，叶子著，上海人民美术出版社2010年版
《黄永玉传》，郭梅、张宇，江苏人民出版社2010年版
《闽西文学史话》，马卡丹、天一燕编著，鹭江出版社2010年版
《客家首府》，中国汀州客家研究中心编，厦门大学出版社2010年版
《红军故乡》，中国汀州客家研究中心编，厦门大学出版社2010年版
《汀州古城墙集锦》，长汀县汀州古城墙文物古迹修复协会2010年印行
《陈嘉庚回忆录》，陈嘉庚，东方出版社2010年版
《晚清民国大学之旅》，李子迟编著，中国致公出版社2010年版
《大学校长林文庆》，严春宝，福建教育出版社2010年版
《辉煌的十年版》，中国福建长汀汀州府城隍庙2010年印行
《上杭苏区永流芳》，林开泰主编，中共党史出版社2010年版
《近代西人眼中的鼓浪屿》，何丙仲辑译，厦门大学出版社2010年版
《历史名城》，中国汀州客家研究中心编，厦门大学出版社2010年版
《长汀文史资料》第四十一辑，政协长汀县委员会文史资料委员会2010年编印
《辛亥革命图史》，辛亥革命武昌起义纪念馆编，湖北美术出版社2011年版
《西方传教士与晚清福建社会文化》，吴巍巍，海洋出版社2011年版
《福建史略》，谢必震，海洋出版社2011年版
《全闽诗录》，（清）郑杰等辑录，福建人民出版社2011年版
《中央苏区史话》，刘晓农，江西人民出版社2011年版
《红色记忆》，傅柒生 李贞刚，解放军出版社2011年版
《厦门大学大事记》，邬大光、白锡能主编，厦门大学出版社2011年版
《厦门大学馆藏文物珍品》，厦门大学人类博物馆编，厦门大学出版社2011年版
《厦大往事》，朱水涌，厦门大学出版社2011年版
《福建客家名祠名墓》，刘有长、严雅英主编，海峡文艺出版社2011年版
《福建客家著名景区》，吴汉光、罗薛平主编，海峡文艺出版社2011年版
《福建客家红色胜地》，胡善美、傅柒生主编，海峡文艺出版社2011年版
《福建客家著名民居》，罗开洪、胡大新、魏荣章主编，海峡文艺出版社2011年版
《闽西客家大典》，曾耀东、傅德露、高晓斌主编，海风出版社2011年版
《历代客家名人诗词选》，赖元冲、何志溪、黄连池编，中国文联出版社2011年版
《黄慎》，赵国庆、易东升编，河南美术出版社2011年版
《华嵒》，陈连琦主编，中国书局2011年版
《中国画大师经典系列丛书——黄慎》，黄慎，中国书店2011年版
《闽西北历史三杰》，李云生，海峡文艺出版社2011年版
《连城客家古建筑文化》，罗土卿主编，鹭江出版社2011年版
《浴血归龙山》，王坚，解放军出版社2011年版
《青山作证——四都人民革命简史》，赖雨声编著，中共长汀县委党史研究室2011年印行
《我的父亲郭沫若》，郭庶英，辽宁人民出版社2011年版
《闽西新闻史略》，马卡丹、李贞刚编著，鹭江出版社2012年版
《原来如此2温故1912— 》，王占景编著，团结出版社2012年版
《最值得青少年版学习的100位中国名人》，雯莉、李怀玉编著，中国长安出版社2011年版
《抗战时期的厦门大学》，石慧霞，厦门大学出版社2012年版
《福建客家古代文学作品辑注》，兰寿春编著，厦门大学出版社2012年版
《福建客家文学发展史》，兰寿春，厦门大学出版社2012年版
《三明客家大观》，世界客属第25届恳亲大会组委会编，福建教育出版社2012年版
《客家祖地三明》，世界客属第25届恳亲大会组委会2012年编印
《宁化客家传统文化大观》，刘善群、吴来林编著，中国文化出版社2012年版
《古进贤乡——三洲》，丘贵荣编著，中国文联出版社2012年版
《敬天穆祖》，叶武林、刘善群主编，中国文史出版社2012年版
《才溪精神》，林开泰编著，中共党史出版社2012年版
《毛泽东诗词欣赏》，周振甫，中华书局2013年版
《我在中国那些年版》，（美）陈纳德著，李平译，中国工人出版社2013年版

图片出处

图片6-1 厦门大学人类博物馆提供。
图片6-2 汪毅夫、郭志超主编：《纪念林惠祥文集》，厦门大学出版社2001年版。
图片6-3 长汀县地方志编纂委员会编：《长汀县志》，三联书店1993年版，彩页第4页。
图片7-1 中国汀州客家研究中心编：《历史名城》，厦门大学出版社 2010年版，第100页。
图片7-2 中国汀州客家研究中心编：《历史名城》，厦门大学出版社 2010年版，第82页。
图片7-3 谢重光文，李玉祥摄影：《闽西客家》，三联书店 2002年版，第3页。
图片8-1 衷梅英主编：《山水闽西》，中央文献出版社2007年版，第57页。
图片8-2 吴汉光、罗薛平主编：《福建客家著名景区》，海峡文艺出版社2011年版，第19页。
图片8-3 吴汉光、罗薛平主编：《福建客家著名景区》，海峡文艺出版社2011年版，第19页。
图片9-1 白克瑞提供。
图片9-2 长汀县汀州古城墙文物古迹修复协会编：《汀州古城墙集锦》，2010年印行，第109页。
图片10-1 长汀县城乡规划建设局编：《古韵汀州》，厦门大学出版社2008年版，第141页。
图片10-2 林蔚文：《福建民间木雕》，作家出版社2006年版，第31页。
图片10-3 中国汀州客家研究中心编：《客家首府》，厦门大学出版社2010年版，第15页。
图片11-1 白克瑞提供。
图片11-2 邹春盛提供。
图片11-3 邹春盛提供。
图片11-4 邹春盛提供。
图片11-5 邹春盛提供。。
图片12-1 叶克豪提供。
图片12-2 罗传礼提供。
图片12-3 陈支平主编：《福建民间文书》第六册，广西师范大学出版社2007年版，第141页。
图片13-1 吴德祥提供。
图片13-2 吴德祥提供。
图片13-3 吴德祥提供。
图片13-4 吴德祥提供。
图片14-1 国家文物局主编：《中国文物地图集福建分集》，福建省地图出版社2007年版，第283页。
图片14-2 马卡丹：《客家名镇客家村》，中央文献出版社2007年版，第41页。
图片14-3 白克瑞提供。
图片15-1 树芳斋匾额文化陈列馆收藏，杨芳提供。
图片15-2 树芳斋匾额文化陈列馆收藏，杨芳提供。
图片15-3 树芳斋匾额文化陈列馆收藏，杨芳提供。
图片15-4 树芳斋匾额文化陈列馆收藏，杨芳提供。
图片16-1 谷歌搜索。
图片16-2 必应百科。
图片16-3 树芳斋匾额文化陈列馆收藏，杨芳提供。
图片17-1 黄成助：《汀州府志，（台北）成文出版社1967年版，第27页。
图片17-2 白克瑞提供。
图片18-1 吴德祥提供。
图片18-2 吴德祥提供。
图片18-3 罗传礼提供。
图片18-4 罗传礼提供。
图片19-1 何丙仲辑译：《近代西人眼中的鼓浪屿》，厦门大学出版社2010年版，第199页。
图片19-2 吴巍巍：《西方传教士与晚清福建社会文化》，海洋出版社2011年版，第45页。
图片19-3 何丙仲辑译：《近代西人眼中的鼓浪屿》，厦门大学出版社2010年版，第59页。
图片20-1 白克瑞提供。
图片20-2 叶克豪提供。
图片21-1 白克瑞提供。
图片21-2 叶克豪提供。
图片21-3 叶克豪提供。
图片22-1 叶克豪提供。
图片22-2 叶克豪提供。
图片22-3 叶克豪提供。
图片23-1 叶克豪提供。
图片23-2 叶克豪提供。
图片24-1 何丙仲辑译：《近代西人眼中的鼓浪屿》，厦门大学出版社2010年版，第55页。
图片24-2 “福建论坛“网2013年1月29日。
图片25-1 叶克豪提供
图片25-2 叶克豪提供
图片25-3 白克瑞提供
图片26-1 中国国家博物馆

图片26-2 白克瑞提供。
图片26-3 白克瑞提供。
图片27-1 白克瑞提供。
图片27-2 白克瑞提供。
图片27-3 白克瑞提供。
图片28-1 白克瑞提供。
图片28-2 白克瑞提供。
图片28-3 白克瑞提供。
图片29-1 叶克豪提供。
图片29-2 白克瑞提供。
图片29-3 白克瑞提供。
图片30-1 中共连城县委党史研究室编：《福建中央苏区纵横：连城卷》，中共党出版社2009年版，第3页。
图片31-1 谷歌百科。
图片31-2 胡善美、傅柒生主编：《福建客家红色胜地》，海峡文艺出版社2011年版，第64页。
图片34-1 叶武林、刘善群主编：《敬天穆祖》，中国文史出版社2012年版。雕塑作者朱尚熹。
图片34-2 林汉扬主编：《沧桑闽西》，中央文献出版社2007年版，第42页。
图片35-1 童章景绘画。
图片35-2 刘善群、吴来林编著：《宁化客家传统文化大观》，中国文化出版社2012年版，彩页3。
图片36-1 童章景绘画。
图片36-2 无尽藏艺术画廊收藏。曹夔提供。
图片37-1 童章景绘画。
图片37-2 长汀县城乡规划建设局编：《古韵汀州》，厦门大学出版社2008年版，第96页。
图片38-1 童章景绘画。
图片38-2 白克瑞提供。
图片39-1 中国汀州客家研究中心编：《历史名城》，厦门大学出版社2010年版，第110页。
图片39-2 童章景绘画。
图片40-1 徐继武：《闽西客家祖地》，海潮摄影艺术出版社1996年版，第30页。
图片40-2 胡晓钢提供。
图片41-1 童章景绘画。
图片41-2 无尽藏艺术画廊收藏，曹夔提供。
图片41-3 胡晓钢提供。
图片42-1 童章景绘画。
图片42-2 白克瑞提供。
图片43-1 360个人图书馆 鸿墨轩提供。
图片43-2 厦门市图书馆提供。
图片44-1 范立生主编：《杨时故里考证》，成都时代出版社2009年版，封面。
图片44-2 李云生：《闽西北历史三杰》，海峡文艺出版社2011年版，彩页第2页。
图片45-1 童章景绘画。
图片45-2 王礼仁提供。
图片46-1 梁桂元：《闽画史稿》，天津人民美术出版社2001年版，第249页。
图片46-2 政协福建省三明市委员会编：《三明古民居》，福建教育出版社2009年版，第186页。
图片47-1 童章景绘画
图片47-2 刘善群、吴来林编著：《宁化客家传统文化大观》，中国文化出版社2012年版，彩页6。
图片48-1《国家历史》2009年第1期。
图片48-2《国家历史》2009年第1期。
图片48-3 长汀县城乡规划建设局编：《古韵汀州》，厦门大学出版社2008年版，第18页。
图片49-1 童章景绘画。
图片49-2《汀州府志》，（清）乾隆十七年修，（台北）成文出版社1967年影印，第34页。
图片50-1 童章景绘画。
图片50-2 中国福建长汀汀州府城隍庙：《辉煌的十年》，2010年印行，封面。
图片51-1 泰宁县政协文史资料委员会编：《状元宰辅邹应龙》，2007年印行，彩页第1页。
图片51-2 泰宁县政协文史资料委员会编：《状元宰辅邹应龙》，2007年印行，彩页第26页。
图片52-1 童章景绘画。
图片52-2 李贞刚提供。
图片53-1 叶武林、刘善群主编：《敬天穆祖》，中国文史出版社2012年版，雕塑者王树生、陈长海。
图片53-2 无尽藏艺术画廊收藏，曹夔供稿。
图片54-1 童章景绘画。
图片54-2 中国汀州客家研究中心编：《历史名城》，厦门大学出版社2010年版，第10页。
图片55-1 王礼仁提供。
图片55-2 童章景绘画。
图片56-1 罗展阳摄影。
图片56-2 李云生：《闽西北历史三杰》，海峡文艺出版社2011年版，彩页第1页。
图片57-1 吴德祥提供。
图片57-2 吴德祥提供。
图片58-1 徐继武：《闽西客家祖地》，海潮摄影艺术出版社1996年版，第30页。
图片58-2 王礼仁提供。
图片59-1 童章景绘画。
图片59-2 长汀县城乡规划建设局编：《古韵汀州》，厦门大学出版社2008年版，第71页。
图片60-1 童章景绘画。
图片60-2 长汀县城乡规划建设局编：《古韵汀州》，厦门大学出版社2008年版，第136页。
图片61-1 长汀县城乡规划建设局编：《古韵汀州》，厦门大学出版社2008年版，第30页。

图片61-2 童章景绘画。
图片62-1 世界客属第25届恳亲大会组委会编：《三明客家大观》，福建教育出版社2012年版，第234页。
图片62-2 政协福建省三明市委员会编：《三明古民居》，福建教育出版社2009年版，第94页。
图片62-3 罗土卿主编：《连城客家古建筑文化》，鹭江出版社2011年版，第364页。
图片63-1 三明市政协文史资料委员会编：《三明摩崖石刻》，福建美术出版社2005年版，第137页。
图片63-2 厦门市图书馆提供。
图片63-3 厦门市图书馆提供。
图片63-4 厦门市图书馆提供。
图片63-5 厦门市图书馆提供。
图片63-6 厦门市图书馆提供。
图片64-1 我爱龙网——古代人物。
图片64-2 我爱龙网——古代人物。
图片64-3 厦门市图书馆提供。
图片65-1 童章景绘画。
图片65-2 长汀县地方志编纂委员会编：《长汀县志》，三联书店1993年版，彩页3。
图片66-1 徐继武：《闽西客家祖地》，海潮摄影艺术出版社1996年版，第31页。
图片66-2 张志远：《台湾的古城》，三联书店2009年版，第47页。
图片67-1 李云生：《闽西北历史三杰》，海峡文艺出版社2011年版，彩页1。
图片67-2 李云生：《闽西北历史三杰》，海峡文艺出版社2011年版，彩页4。
图片68-1 徐继武：《闽西客家祖地》，海潮摄影艺术出版社1996年版，第31页。
图片68-2 张耀清主编：《历史记忆——闽西文化遗产》下，海潮摄影艺术出版社2007年，第211页。
图片68-3 张耀清主编：《历史记忆——闽西文化遗产》下，海潮摄影艺术出版社2007年，第212页。
图片69-1 陈连琦主编：《华喦》，中国书局2011年版，第4页。
图片69-2 陈连琦主编：《华喦》，中国书局2011年版，第10页。
图片69-3 必应图片。
图片70-1 徐继武：《闽西客家祖地》，海潮摄影艺术出版社1996年版，第31页。
图片70-2 政协福建省三明市委员会编：《三明古民居》，福建教育出版社2009年版，第122页。
图片70-3 刘有长、严雅英主编：《福建客家名祠名墓》，海峡文艺出版社2011年版，第231页。
图片70-4 欧阳云编：《扬州八怪绘画艺术读解与鉴赏》，陕西人民美术出版社2007年版，第8页。
图片70-5 欧阳云编：《扬州八怪绘画艺术读解与鉴赏》，陕西人民美术出版社2007年版，第17页。
图片71-1《国家历史》2009年第1期。
图片71-2 罗传礼提供。
图片71-3 罗传礼提供。
图片72-1 王长英、黄兆郸编著：《福建藏书家传略》，福建教育出版社2007年版，第2页。
图片72-2 福建省三明市政协文史资料委员会编：《三明宗祠集萃》，福建人民出版社2004年版，第73页。
图片72-3 连新福主编：《清代著名书法家伊秉绶法书大观》，海潮摄影艺术出版社2009年版，第17页。
图片72-4 连新福主编：《清代著名书法家伊秉绶法书大观》，海潮摄影艺术出版社2009年版，第245页。
图片73-1 林则徐纪念馆提供。
图片73-2 沈文生提供。
图片74-1 童章景绘画。
图片74-2《闽西日报》2006年8月10日。
图片75-1 中国革命博物馆编：《近代中国报道》，首都师范大学出版社2000年版，第487页。
图片75-2 刘善群、吴来林编著：《宁化客家传统文化大观》，中国文化出版社2012年版，彩页2。
图片76-1 童章景绘画。
图片76-2 丘贵荣编著：《古进贤乡——三洲》，中国文联出版社2012年版，第1页。
图片77-1 白克瑞提供。
图片77-2 中国革命博物馆编：《近代中国报道》，首都师范大学出版社2000年版，第41页。
图片78-1 辛亥革命武昌起义纪念馆编：《辛亥革命图史》，湖北美术出版社2011年版，第392页。
图片78-2 中国革命博物馆编：《近代中国报道》，首都师范大学出版社2000年版，第760页。
图片78-3 中国革命博物馆编：《近代中国报道》，首都师范大学出版社2000年版，第666页。
图片78-4 中国革命博物馆编：《近代中国报道》，首都师范大学出版社2000年版，第574页。
图片78-5 中国革命博物馆编：《近代中国报道》，首都师范大学出版社2000年版，第666页。
图片78-6 中国革命博物馆编：《近代中国报道》，首都师范大学出版社2000年版，第663页。
图片79-7 辛亥革命武昌起义纪念馆编：《辛亥革命图史》，湖北美术出版社2011年版，第393页。
图片80-1 东亚问题调查会编：《最新支那要人传》，朝日新闻社1941年版。
图片80-2 东亚问题调查会编：《最新支那要人传》，朝日新闻社1941年版。
图片80-3 吴少秋、陈方远主编：《20世纪中国全纪录》，香港文化传播事务所有限公司1995年版，第518页。
图片81-1 厦门市文联、厦门书画院编：《厦门近现代中国画家》，厦门大学出版社2007年版，第56页。
图片81-2 厦门市文联、厦门书画院编：《厦门近现代中国画家》，厦门大学出版社2007年版，第56页。
图片81-3 厦门市图书馆提供。
图片82-1 谷歌图片。
图片82-2《美术学报》1996年总第19期，第92页。
图片82-3《美术学报》1996年总第19期，第25页。
图片90-1 郭梅、张宇：《黄永玉传》，江苏人民出版社2010年版。
图片83-2 黄永玉：《黄永玉画集》，漓江出版社2006年版。
图片83-3 黄永玉：《黄永玉画集》，漓江出版社2006年版。
图片86-1 傅柒生、李贞刚：《红色记忆》，解放军出版社2011年版，第15页。
图片86-2 马卡丹、李贞刚编著：《闽西新闻史略》，鹭江出版社2012年版，第30页。
图片86-3 傅柒生、李贞刚：《红色记忆》，解放军出版社2011年版，第18页。
图片86-4 马卡丹、李贞刚编著：《闽西新闻史略》，鹭江出版社2012年版，第151页。
图片87-1 郭庶英；《我的父亲郭沫若》，辽宁人民出版社2011年版，第182页。

图片87-2 戴月芳主编：《20世纪中国全记录》，（台北）锦绣出版事业股份有限公司1992年版，第243页。
图片88-1 王坚：《浴血归龙山》，解放军出版社2011年版，第232页。
图片88-2 闽西革命历史博物馆提供。
图片89-1 闽西革命历史博物馆提供。
图片89-2 闽西革命历史博物馆提供。
图片90-1 闽西革命历史博物馆提供。
图片90-2 中共福建省委编辑委员会编：《福建革命史画集》，福建人民出版社1982年版，第45页。
图片90-3 中共福建省委编辑委员会编：《福建革命史画集》，福建人民出版社1982年版，第45页。
图片91-1 井冈山革命博物馆提供。
图片91-2 闽西革命历史博物馆提供。
图片92-1 闽西革命历史博物馆提供。
图片92-2 井冈山革命博物馆提供。
图片93-1 中共福建省委编辑委员会编：《福建革命史画集》，福建人民出版社1982年版，第47页。
图片93-2 傅如通、符维健主编：《红色闽西》，中央文献出版社2007年版，第75页。
图片94-1 长汀县博物馆、长汀革命历史陈列馆提供。
图片94-2 上海《民国日报》1930年10月30日。
图片94-3 宋四根编：《八闽开国将军》第四卷，中央文献出版社2005年版，第295页。
图片95-1 中共福建省委编辑委员会编：《福建革命史画集》，福建人民出版社1982年版，第48页。
图片95-2《红色闽西》2011年创刊号。
图片96-1《闽西党史研究与宣传》2010年第1期。
图片96-2 闽西革命历史博物馆提供。
图片97-1 毛泽东：《毛泽东诗词欣赏》，中华书局2013年版，第21页。
图片97-2 中共福建省委党史研究室编：《福建中央苏区纵横综合卷》，中共党史出版社2009年版，第22页。
图片98-1 林开泰主编：《上杭苏区永流芳》，中共党史出版社2010年版，第17页。
图片98-2 毛泽东：《毛泽东诗词欣赏》 中华书局2013年版，第25页。
图片99-1 中共福建省委党史研究室编：《福建中央苏区纵横：综合卷》，中共党史出版社2009年版，第235页。
图片99-2 王坚：《浴血归龙山》，解放军出版社2011年版，第219页。
图片100-1 中共福建省委编辑委员会编：《福建革命史画集》，福建人民出版社1982年版，第47页。
图片100-2 李新主编：《中华民国史》第八卷上，中华书局2011年版，图片第6页。
图片101-1 古田会议纪念馆提供。
图片101-2 古田会议纪念馆提供。
图片102-1 中国汀州客家研究中心编：《红军故乡》，厦门大学出版社2010年版，第62页。
图片102-2 林开泰编著：《才溪精神》，中共党史出版社2012年版，第8页。
图片103-1 戴月芳主编：《20世纪中国全记录》，（台北）锦绣出版事业股份有限公司1992年版，第291页。
图片103-2 戴月芳主编：《20世纪中国全记录》，（台北）锦绣出版事业股份有限公司1992年版，第301页。
图片104-1 中共福建省委编辑委员会编：《福建革命史画集》，福建人民出版社1982年版，第189页。
图片104-2 长汀县博物馆长汀革命历史陈列馆提供。
图片104-3 闽西革命历史博物馆提供。
图片105-1 嘉德：《中国嘉德2012秋季邮品钱币拍卖会图录》，2012年印行，第30页
图片105-2 嘉德：《中国嘉德2012秋季邮品钱币拍卖会图录》，2012年印行，第30页。
图片105-3 嘉德：《中国嘉德2012秋季邮品钱币拍卖会图录》，2012年印行，第31页。
图片105-4 嘉德：《中国嘉德2012秋季邮品钱币拍卖会图录》，2012年印行，第31页。
图片105-5 嘉德：《中国嘉德2012秋季邮品钱币拍卖会图录》，2012年印行，第32页。
图片106-1 长汀县博物馆长汀革命历史陈列馆提供。
图片106-2 长汀县博物馆长汀革命历史陈列馆提供。
图片106-3 长汀县博物馆长汀革命历史陈列馆提供。
图片106-4 长汀县博物馆长汀革命历史陈列馆提供。
图片107-1 马卡丹、李贞刚编著：《闽西新闻史略》，鹭江出版社2012年版，第103页。
图片107-2 马卡丹、李贞刚编著：《闽西新闻史略》，鹭江出版社2012年版，第89页。
图片108-1 吴少秋、陈方远主编：《20世纪中国全纪录》，香港文化传播事务所有限公司1995年版，第415页。
图片109-1 中国汀州客家研究中心编：《红军故乡》，厦门大学出版社2010年版，第47页。
图片109-2 闽西革命历史博物馆提供。
图片110-1 中共福建省委党史研究室编：《福建中央苏区纵横：综合卷》，中共党史出版社2009年版，第10页。
图片110-2 闽西革命历史博物馆提供。
图片110-3 闽西革命历史博物馆提供。
图片110-4 闽西革命历史博物馆提供。
图片111-1 必应图片。
图片111-2 中共福建省委编辑委员会编：《福建革命史画集》，福建人民出版社1982年版，第103页。
图片112-1 马卡丹、李贞刚编著：《闽西新闻史略》，鹭江出版社2012年版，第154页。
图片112-2 马卡丹、李贞刚编著：《闽西新闻史略》，鹭江出版社2012年版，第91页。
图片112-3 马卡丹、李贞刚编著：《闽西新闻史略》，鹭江出版社2012年版，第90页。
图片113-1 中共福建省委编辑委员会编：《福建革命史画集》，福建人民出版社1982年版，第146页。
图片113-2 中国国家博物馆提供。
图片113-3 中国国家博物馆提供。
图片114-1 长汀县博物馆长汀革命历史陈列馆提供。
图片114-2 长汀县博物馆长汀革命历史陈列馆提供。
图片115-1 井冈山第一女红军——贺子珍展。
图片115-2 井冈山第一女红军——贺子珍展。
图片115-3 长汀福音医院提供。
图片116-1 中共福建省委编辑委员会编：《福建革命史画集》，福建人民出版社1982年版，第82页。
图片117-1 中共福建省委编辑委员会编：《福建革命史画集》，福建人民出版社1982年版，第174页。

图片117-2 闽西革命历史博物馆
图片118-1 中共福建省委党史研究室：《福建中央苏区纵横综合卷》，中共党史出版社2009年版，第26页。
图片118-2 中国国家博物馆提供。
图片119-1 长汀福音医院提供。
图片119-2 中共福建省委编辑委员会编：《福建革命史画集》，福建人民出版社1982年版，第207页。
图片119-3 长汀福音医院提供。
图片119-4 长汀福音医院提供。
图片119-5 长汀福音医院提供。
图片119-6 长汀福音医院提供。
图片119-7 长汀福音医院提供。
图片119-8 长汀福音医院提供。
图片120-1 长汀县博物馆长汀革命历史陈列馆提供。
图片120-2 客家红博物馆藏，巫中民提供。
图片121-1 中共福建省委编辑委员会编：《福建革命史画集》，福建人民出版社1982年版，第200页。
图片121-2 王坚：《浴血归龙山》，解放军出版社2011年版，第144页。
图片122-1 李新主编：《中华民国史》第八卷上，中华书局2011年版，图片第5页。
图片122-2 中国国家博物馆提供。
图片122-3 上海《申报》1933年6月16日。
图片123-1 上海《民国日报》1930年10月29日。
图片123-2 天津《大公报》1934年3月25日。
图片124-1 上海《民国日报》1930年11月8日。
图片124-2 刘晓农：《中央苏区史话》，江西人民出版社2011年版。
图片125-1 戴月芳主编：《20世纪中国全记录》，（台北）锦绣出版事业股份有限公司1992年版，第356页。
图片125-2 路透社1932年5月23日新闻图片。
图片126-1 李新主编：《中华民国史》第七卷，中华书局2011年版，图片第2页。
图片126-2 钱波、夏宇编，德风供图：《原来如此1840——中国底本》，文汇出版社2011年版，第227页。
图片127-1 傅如通、符维健主编：《红色闽西》，中央文献出版社2007年版，第68页。
图片127-2 中国汀州客家研究中心编：《红军故乡》，厦门大学出版社2010年版，第141页。
图片128-1 冯华志、冯精志主编：《20世纪大事图录》，广西教育出版社2000年版，第137页。
图片128-2 戴月芳主编：《20世纪中国全记录》，（台北）锦绣出版事业股份有限公司1992年版，第370页。
图片129-1 宋四根编：《八闽开国将军》第二卷上，中央文献出版社2005年版，第110页。
图片129-2 闽西革命历史博物馆提供。
图片129-3 长汀县博物馆长汀革命历史陈列馆提供。
图片130-1 闽西革命历史博物馆提供。
图片130-2 闽西革命历史博物馆提供。
图片130-3 闽西革命历史博物馆提供。
图片130-4 李新主编：《中华民国史》第七卷，中华书局2011年版，图片第8页。
图片131-1 闽西革命历史博物馆提供。
图片131-2 《世纪回眸1990－》挂历 2000年2月24日 出版单位作者不详
图片131-3 长汀县博物馆长汀革命历史陈列馆提供。
图片132-1 中国国家博物馆提供。
图片132-2《解放日报》2011年6月22日。任珑摄影。
图片132-3《红色之旅》2012年第4期。
图片132-4 冯华志、冯精志主编：《20世纪大事图录》，广西教育出版社2000年版，第143页。
图片133-1 王占景编著：《原来如此2温故1912— 》，团结出版社2012年版，第319页。
图片133-2 井冈山革命博物馆提供。
图片133-3 天津《大公报》1935年7月5日。
图片133-4 厦门市图书馆提供。
图片134-1 刘晓农：《中央苏区史话》，江西人民出版社2011年版。
图片134-2 中共福建省委编辑委员会编：《福建革命史画集》，福建人民出版社1982年版，第117页。
图片134-3 闽西革命历史博物馆提供。
图片135-1 福建省革命历史纪念馆提供。
图片135-2 长汀福音医院提供。
图片136-1 闽西革命历史博物馆提供。
图片136-2《客家潮》2012年第3期。
图片137-1 福建省革命历史纪念馆提供。
图片137-2 福建省革命历史纪念馆提供。
图片137-3 福建省政协文史资料委员会编：《福建名人故居》，福建人民出版社2007年版，第479页。
图片138-1 福建省革命历史纪念馆提供。
图片138-2 阮卫星整理：《中国人民解放军福建籍将军》，福建人民出版社1987年版，第21页。
图片138-2 阮卫星整理：《中国人民解放军福建籍将军》，福建人民出版社1987年版，第17页。
图片139-2 福建省革命历史纪念馆提供。
图片140-1 闽西革命历史博物馆提供。
图片140-2 《红岩春秋》2010年第3期。
图片141-1 福建省革命历史纪念馆提供。
图片141-2 阮卫星整理：《中国人民解放军福建籍将军》，福建人民出版社1987年版，第29页。
图片142-1《客家》2012年第6期。
图片142-2 吴东峰：《四野名将》，云南人民出版社2010年版，第56页。
图片143-1《传记》2011年创刊号。
图片143-2 福建省革命历史纪念馆提供。
图片144-1 闽西革命历史博物馆提供。

图片144-2 中华之骨的搜狐博客。
图片145-1《天津日报》2008年7月17日。
图片145-2 李国潮摄影：《林默涵：国家事，家乡情》，福建频道2012年2月4日。
图片145-3 李辉主编：《八大样板戏珍藏本》，光明日报出版社1995年版，封面。
图片146-1 长汀县杨成武将军纪念馆提供。
图片146-2 长汀县杨成武将军纪念馆提供。
图片147-1 长汀县杨成武将军纪念馆提供。
图片147-2 长汀县杨成武将军纪念馆提供。
图片148-1 福建省革命历史纪念馆提供。
图片148-2 福建省革命历史纪念馆提供。
图片149-1 闽西革命历史博物馆提供。
图片149-2 （维也纳）高粱：《纪念傅莱诞辰90周年》，《欧洲联合周报》2010年2月1日。
图片150-1 福建省革命历史纪念馆提供。
图片150-2 福建省革命历史纪念馆提供。
图片150-3 福建省革命历史纪念馆提供。
图片151-1 厦门网提供。
图片151-2 龙岩市水土保持和生态市建设领导小组办公室编：《青山作证》，2012年印行，第16页。
图片154-1 石慧霞提供。
图片154-2 叶克豪提供。
图片154-3 王豪杰主编：《南强记忆——老厦大的故事》，厦门大学出版社2009年版，第142页。
图片155-1 陈武元编：《萨本栋博士百年诞辰纪念文集》，厦门大学出版社2004年版图片。
图片155-2 石慧霞提供。
图片155-3 石慧霞提供。
图片156-1 厦门大学校史展览馆提供。
图片156-2 厦门大学档案馆提供。
图片157-1 厦门大学档案馆提供。
图片157-2 厦门大学在长汀陈列室提供。
图片158-1 马卡丹、李贞刚编著：《闽西新闻史略》，鹭江出版社2012年版，第209页。
图片158-2 中国国家图书馆提供。
图片159-1 厦门大学档案馆提供。
图片160-1 厦门大学在长汀陈列室提供。
图片160-2 厦门大学在长汀陈列室提供。
图片161-1 厦门大学在长汀陈列室提供。
图片161-2 厦门市图书馆提供。
图片161-3 厦门市图书馆提供。
图片162-1 王占景编著：《原来如此2温故1912— 》，团结出版社2012年版，第41页。
图片162-2 朱水涌：《厦大往事》，厦门大学出版社2011年版，第214页。
图片162-3 马嘶：《林庚评传》，清华大学出版社2008年版图片。
图片162-4 厦门大学图书馆出版。
图片163-1 王豪杰主编：《南强记忆——老厦大的故事》，厦门大学出版社2009年版，第319页。
图片163-2 石慧霞提供。
图片164-1 厦门大学校史展览馆提供。
图片164-2 郑启五的新浪博客。
图片165-1 厦门大学校史展览馆。
图片165-2 厦门大学校史展览馆。
图片166-1 厦门大学校史展览馆。
图片166-2 厦门大学档案馆。
图片166-3 厦门大学档案馆。
图片167-1 厦门大学校史展览馆。
图片167-2 厦门大学校史展览馆。
图片168-1 马卡丹、李贞刚编著：《闽西新闻史略》，鹭江出版社2012年版，第204页。
图片168-2 中共厦门市委宣传部等编：《厦门党史画册》，鹭江出版社1991年版，第153页。
图片169-1 厦门大学在长汀陈列室提供。
图片169-2 钟兆云：《落日——闽台抗战纪实》，鹭江出版社2005年版，第45页。
图片170-1 厦门大学在长汀陈列室提供。
图片170-2 厦门大学在长汀陈列室提供。
图片171-1 郑启五提供。
图片171-2 白克瑞提供。
图片172-1 厦门大学在长汀陈列室提供。
图片172-2 厦门大学图书馆提供。
图片173-1 厦门大学图书馆提供。
图片173-2 厦门大学图书馆提供。
图片173-3 王豪杰主编：《南强记忆——老厦大的故事》，厦门大学出版社2009年版，第234页。
图片174-1 雯莉、李怀玉编著：《最值得青少年学习的100位中国名人》，中国长安出版社 2011年版，第18页。
图片174-2 陈武元编：《萨本栋博士百年诞辰纪念文集》，厦门大学出版社2004年版图片。
图片175-1 王梅生提供。
图片175-2 雯莉、李怀玉编著：《最值得青少年学习的100位中国名人》，中国长安出版社 2011年版，第183页。
图片176-1 厦门大学图书馆提供。
图片176-2 王豪杰主编：《南强记忆——老厦大的故事》，厦门大学出版社2009年版，第378页。
图片177-1 厦门大学在长汀陈列室提供。
图片177-2 高伟强、余启咏、何卓恩编著“《民国著名大学校长》，湖北人民出版社2007年版，第174页。

图片178-1 厦门市图书馆提供。
图片178-2 有道词典“李约瑟”条。
图片178-3 谷歌搜索。
图片179-1 朱水涌：《厦大往事》，厦门大学出版社2011年版，第129页。
图片179-2 王豪杰主编：《南强记忆——老厦大的故事》，厦门大学出版社2009年版，第183页。
图片180-1 冰心文学馆提供。
图片180-2 陈武元编：《萨本栋博士百年诞辰纪念文集》，厦门大学出版社2004年版图片。
图片181-1 许乔蓁、林鸿禧编：《萨本栋文集》，厦门大学出版社1995年版图片。
图片181-2 厦门大学萨本栋墓园提供。
图片181-3 厦门大学萨本栋墓园提供。
图片182-1 厦门大学校史展览馆提供。
图片182-2《厦门日报》2006年3月29日。
图片182-3 新浪科技。
图片183-1 卢嘉锡传编写组：《卢嘉锡传》，科学出版社1995年版，图片第3页。
图片183-2 罗寿民提供。
图片184-1 厦门大学档案馆提供。
图片184-2 王豪杰主编：《南强记忆——老厦大的故事》，厦门大学出版社2009年版，第30页。
图片184-3 王豪杰主编：《南强记忆——老厦大的故事》，厦门大学出版社2009年版，第350页。
图片185-1 厦门大学校史展览馆提供。
图片185-2 郑启五提供。
图片188-1 福建省档案馆提供。
图片188-2 福建省档案馆提供。
图片189-1 福建省革命历史纪念馆提供。
图片189-2 福建省革命历史纪念馆提供。
图片190-1 中国国家博物馆提供。
图片190-2 中国新闻社福建分社等编：《闽台抗战风云》，海潮摄影艺术出版社2005年版，第144页。
图片191-1 钟彬彬提供。
图片191-2 钟彬彬提供。
图片192-1 罗志龙提供。
图片192-2 罗志龙提供。
图片193-1 罗志龙提供。
图片193-2 罗志龙提供。
图片194-1《海南日报》2008年5月1日第6版。
图片194-2（美）陈纳德：《陈纳德回忆录》，浙江文艺出版社1998年版，第2页。
图片195-1 长汀县城乡规划建设局编：《古韵汀州》，厦门大学出版社2008年版，第126页。
图片195-2 中国国家博物馆提供。
图片196-1 厦门大学在长汀陈列室提供。
图片197-1 白克瑞提供提供。
图片197-2 厦门大学在长汀陈列室提供。
图片198-1 厦门大学在长汀陈列室提供。
图片199-1 福建省档案馆提供。
图片199-2 福建省档案馆提供。
图片199-3 福建省档案馆提供。
图片200-1 中共福建省委宣传部、福建省档案局编：《福建解放档案图集》，福建人民出版社2009年版，第95页。
图片201-1 福建省新四军研究会编：《叶飞画册》，中国美术学院出版社2004年版，第90页。
图片201-2 福建省新四军研究会编：《叶飞画册》，中国美术学院出版社2004年版，第90页。
图片201-3 福建省新四军研究会编：《叶飞画册》，中国美术学院出版社2004年版，第90页。
图片202-1 罗寿民提供
图片202-2 福建省新四军研究会编：《叶飞画册》，中国美术学院出版社2004年版，第91页。
图片203-1 罗寿民提供。
图片203-2 厦门市图书馆提供。
图片204-1 闽西革命历史博物馆提供。
图片204-2 中共福建省委党史研究室《福建中央苏区纵横综合卷》，中共党史出版社2009年版，第275页。

后记

那该来的必定要来

事实上，在决定合作编辑《大汀州》之前，我与陈日源主任有多次的项目磨合，我有的提议被他否决了，比如举办一次全国性的建筑美学高峰论坛，他认为时机不成熟，因为一江两岸还没建成；他有的提议被我否决了，比如请一位全国著名的作家来长汀创作一部能打响的长篇小说，我认为作家写一个不熟悉的地方不会出好作品。

陈日源是个执着而敏感的人，对文化的钟爱程度超乎大家的想像。他在连城担任分管旅游的副县长期间，整天躲在培田数算破败的旧房子，那些深藏民间的风物习俗、鲜为人知的联匾条幅、晦涩难懂的诗词选注、真假莫辨的民居故事，培田一切的一切，陈日源无不如数家珍。如今，培田成为旅游胜地，那些不被看好的、破败陈旧的老房子成为辉煌的客家庄园。我和黄征辉最早倡仪保护开发培田古民居，只是我们人微言轻，话语正确亦如同犬吠火车。陈日源以他的远见与坚持实现了我的梦想，我对他的敬重如同培田村口的石牌坊，那是人心的丰碑。

2012年9月，省委统战部组织福建艺术家“生态长汀行”，在长汀县国家历史文化名城管理委员会听取“一江两岸”建设汇报的时候，意外获知陈日源是人大常委会主任兼名城管委会主任。听陈日源说汀州是一种享受，有历史、有文化、有个人情感和见解，他把那些正史与野史、学说与传说掰碎了，揉合在一起，捏成有生命、有血肉的条块，鲜活而有趣地呈现在我们面前。那不是对材料的熟悉，也不是官员的背功，而是一个文化追问者与地方掌故的气脉相联，心中没有爱，没有激情，甚至没有一种难以言表的固执，是断然做不到的。

我是个文化好事者，一个好事的作家遇到一个执拗的官员是注定要做点什么的。这么磨来磨去，终于达成编辑《大汀州》的共同意向。

决策已定，厦门市作家协会迅速成立由文学、客家学、教会史、地方史、中共党史、厦门大学校史等各方面权威专家组成的编委会，组成工作小组，奔赴中国国家博物馆、中国国家图书馆、福建省档案馆、福建省革命历史纪念馆、厦门市图书馆、厦门大学档案馆、厦门大学图书馆、厦门大学校史展览馆、厦门大学人类博物馆、闽西革命历史博物馆、井冈山革命博物馆、古田会议纪念馆、长汀县博物馆、长汀县杨成武将军纪念馆、长汀福音医院、厦门大学在长汀陈列室、客家红博物馆、树芳斋匾额文化陈列馆、无尽藏艺术画廊，以及规模不一、遍布各地的书店，广泛收集汀州八县老照片和图书资料。琥珀书店的老板阿沫是长汀客家妹，为寻找资料投入满腔热忱。庆幸的是，我有机会认识白克瑞与叶克豪两位研究教会历史的专家，他们无保留地为我提供了大量清末民初外国传教士拍摄的汀州照片，这种慷慨与无私让我没齿难忘。

陈日源的开明之处是始终不催我，不下达截稿的倒计时，这就给了我们充裕的时间，给了我们慢工出细活的从容心态。

为了方便编辑与阅读，全书内容分为“千年州府”“名流荟萃”“红色摇篮”“乱世风华”“黎明前夕”五个部分。每个部分按时间顺序排列，人物按出生时间排列，让读者有历史感。

汀州人杰地灵，英才辈出，由于篇幅所限，我们在确定入选人物时，古代选择影响巨大的人物，现当代选择重大事件的参与者，共和国将领选择1955年授衔的中将以上者，当代官员选择解放初期任命的正部级以上者，民国将领只入选上将军衔者，当代文化名人则必须具有全国的普遍知名度。从地域上说，汀州不等于闽西，也不等于龙岩市，而是历史上的汀州八县：长汀、连城、宁化、清流、归化、上杭、武平、永定。

许多历史事件的提法各种书籍莫衷一是，我们把参考文献附录在书后，就是为了让读者感受我们的苦衷。

关于图片出处，我们的原则是：摄影作品署名提供者，历史照片标明从哪里翻拍。由于时间久远，翻拍转载难以计数，历史照片的摄影者是谁，我们实在无从查考。假如一张图片在若干个地方出现，我们选择最权威的出处。从网络上下载的图片，我们也诚实地标识出来。

有的图片是从玻璃橱窗里的资料翻拍过来的，我们要用电脑一点一点把玻璃的反光清除掉；大量的图片是委托别人从书上翻拍通过电子邮箱发送过来的，我们要用电脑把倾斜的扶正，把弯曲的抚平，把模糊的调整清晰。所有这些都不难，难的是我们要对2000多张图片进行筛选和归类，鉴定选编其中的480张。任何简单的事，一旦量大就会成为难题。经常的，我们听说谁的手上有一张老照片，费尽心机联系上，花言巧语说服他，发过来一看，天哪，早就有了。我策划出版的图书已经超过50本，但从没有像做《大汀州》这么劳累，当然，也从没有像做《大汀州》这么有成就感。以至于我对“汀州”两个字敏感到一种程度：在书店，我可以凭封面和书名判断会不会出现汀州的字眼。

一张图片到手，我们要辨，要讨论，这是汀州吗？跟文字的引用不同，图片最容易犯的错误就是张冠李戴，因此，凡是在编委中有争议的图片，或是出版社编辑质疑的图片，不管它多漂亮，我们一律忍痛割爱撤换下来。然而，无论我们如何努力，挂一漏万是难免的，《大汀州》是一部大型画册，我们以文配图，而不是以图插文，因此，有一些历史事件由于找不到相应的图片，就只好跨越而过了。为《大汀州》，我至少跑了十趟长汀，为一句措词、一个细节、一张照片与主编陈日源反复探讨，征求当地专家意见。

有一条我们做到了：不管你再渊博，这本《大汀州》一定让你看到没见过的新东西。按陈日源的要求，我们编辑《大汀州》的目标是“表现汀州人文景观，再现古城历史风貌，实现文史重大突破”。可以肯定，《大汀州》出版后，很多人会翻拍我们的图片，对我们而言，这就够了。《大汀州》编完了，但大汀州史料的收集才刚刚开始，我由衷地期待，读者朋友若发现新的历史图片，一定把电子版发到我的邮箱wefxm@163.com。汀州会感激你的作为，历史会铭记你的奉献。

宣和培田古民居、罗坊走古事、四堡雕版印刷是连城文化的标识，有趣的是，宣和、罗坊、四堡原来都隶属长汀县，直到上世纪50年代才陆续划归连城。作为罗坊人，我的父辈只会讲长汀话，不会讲连城话。小时候在大人的带领下赴长汀童坊赶墟，要翻越石壁山的最高峰狗嬷山顶，正是这条崎岖小道，让少年的我领略了汀州的险峻、富饶与美丽。我清楚地记得，大人聊天时总是口口声声说我们汀州如何如何。

汀州，那梦一般远去的辉煌，必定会在陈日源等一代有识之士的手上凝固于汀江两岸。保护、建设、开发、旅游、振兴，那该来必定要来，决不迟疑。

吴尔芬

2013年11月

（作者为中国作家协会会员、厦门大学客家学研究中心副主任、厦门市作家协会副主席、厦门作家书画院院长）

图书在版编目(CIP)数据

大汀州/陈日源主编. —厦门:厦门大学出版社,2013.12
ISBN 978-7-5615-4922-3

Ⅰ.①大…　Ⅱ.①陈…　Ⅲ.①长汀县-地方史-史料　Ⅳ.①K295.74

中国版本图书馆 CIP 数据核字(2013)第 315060 号

厦门大学出版社出版发行
(地址:厦门市软件园二期望海路 39 号　邮编:361008)
http://www.xmupress.com
xmup @ xmupress.com
厦门集大印刷厂印刷
2013 年 12 月第 1 版　2013 年 12 月第 1 次印刷
开本:889×1194　1/16　印张:14
印数:1～5 000 册
定价:300.00 元
本书如有印装质量问题请直接寄承印厂调换